Die Rätsel der Germanen

Wissensprüfung
und geistiges Geschicklichkeits-Spiel

Band 76 der Reihe „Die Götter der Germanen"

Bücher von Harry Eilenstein:

- Astrologie (496 S.)
- Photo-Astrologie (64 S.)
- Tarot (104 S.)
- Handbuch für Zauberlehrlinge (408 S.)
- Physik und Magie (184 S.)
- Der Lebenskraftkörper (230 S.)
- Die Chakren (100 S.)
- Meditation (140 S.)
- Drachenfeuer (124 S.)
- Krafttiere – Tiergöttinnen – Tiertänze (112 S.)
- Schwitzhütten (524 S.)
- Totempfähle (440 S.)
- Muttergöttin und Schamanen (168 S.)
- Göbekli Tepe (472 S.)
- Hathor und Re:
    Band 1: Götter und Mythen im Alten Ägypten (432 S.)
    Band 2: Die altägyptische Religion – Ursprünge, Kult und Magie (396 S.)
- Isis (508 S.)
- Die Entwicklung der indogermanischen Religionen (700 S.)
- Wurzeln und Zweige der indogermanischen Religion (224 S.)
- Der Kessel von Gundestrup (220 S.)
- Cernunnos (690 S.)
- Christus (60 S.)
- Odin (300 S.)
- Die Götter der Germanen (Band 1 – 80)
- Dakini (80 S.)
- Kursus der praktischen Kabbala (150 S.)
- Eltern der Erde (450 S.)
- Blüten des Lebensbaumes:
    Band 1: Die Struktur des kabbalistischen Lebensbaumes (370 S.)
    Band 2: Der kabbalistische Lebensbaum als Forschungshilfsmittel (580 S.)
    Band 3: Der kabbalistische Lebensbaum als spirituelle Landkarte (520 S.)
- Über die Freude (100 S.)
- Das Geheimnis des inneren Friedens (252 S.)
- Von innerer Fülle zu äußerem Gedeihen (52 S.)
- Das Beziehungsmandala (52 S.)
- Die Symbolik der Krankheiten (76 S.)

Kontakt: www.HarryEilenstein.de / Harry.Eilenstein@web.de
Impressum: Copyright: 2011 by Harry Eilenstein – Alle Rechte, insbesondere auch das der Übersetzung, vorbehalten. Kein Teil des Buches darf ohne schriftliche Genehmigung des Autors und des Verlages (nicht als Fotokopie, Mikrofilm, auf elektronischen Datenträgern oder im Internet) reproduziert, übersetzt, gespeichert oder verbreitet werden.
Herstellung und Verlag: BoD - Books on Demand, Norderstedt
ISBN: 9783741284427

Die Themen der einzelnen Bände der Reihe „Die Götter der Germanen"

1. Die Entwicklung der germanischen Religion
2. Lexikon der germanischen Religion
3. Der ursprüngliche Göttervater Tyr
4. Tyr in der Unterwelt: der Schmied Wieland
5. Tyr in der Unterwelt: der Riesenkönig Teil 1
6. Tyr in der Unterwelt: der Riesenkönig Teil 2
7. Tyr in der Unterwelt: der Zwergenkönig
8. Der Himmelswächter Heimdall
9. Der Sommergott Baldur
10. Der Meeresgott: Ägir, Hler und Njörd
11. Der Eibengott Ullr
12. Die Zwillingsgötter Alcis
13. Der neue Göttervater Odin Teil 1
14. Der neue Göttervater Odin Teil 2
15. Der Fruchtbarkeitsgott Freyr
16. Der Chaos-Gott Loki
17. Der Donnergott Thor
18. Der Priestergott Hönir
19. Die Göttersöhne
20. Die unbekannteren Götter
21. Die Göttermutter Frigg
22. Die Liebesgöttin: Freya und Menglöd
23. Die Erdgöttinnen
24. Die Korngöttin Sif
25. Die Apfel-Göttin Idun
26. Die Hügelgrab-Jenseitsgöttin Hel
27. Die Meeres-Jenseitsgöttin Ran
28. Die unbekannteren Jenseitsgöttinnen
29. Die unbekannteren Göttinnen
30. Die Nornen
31. Die Walküren
32. Die Zwerge
33. Der Urriese Ymir
34. Die Riesen
35. Die Riesinnen
36. Mythologische Wesen
37. Mythologische Priester und Priesterinnen
38. Sigurd/Siegfried
39. Helden und Göttersöhne
40. Die Symbolik der Vögel und Insekten
41. Die Symbolik der Schlangen, Drachen und Ungeheuer
42. Die Symbolik der Herdentiere
43. Die Symbolik der Raubtiere
44. Die Symbolik der Wassertiere und sonstigen Tiere
45. Die Symbolik der Pflanzen
46. Die Symbolik der Farben
47. Die Symbolik der Zahlen
48. Die Symbolik von Sonne, Mond und Sternen
49. Das Jenseits
50. Seelenvogel, Utiseta und Einweihung
51. Wiederzeugung und Wiedergeburt
52. Elemente der Kosmologie
53. Der Weltenbaum
54. Die Symbolik der Himmelsrichtungen und der Jahreszeiten
55. Mythologische Motive
56. Der Tempel
57. Die Einrichtung des Tempels
58. Priesterin – Seherin – Zauberin – Hexe
59. Priester – Seher – Zauberer
60. Rituelle Kleidung und Schmuck
61. Skalden und Skaldinnen
62. Kriegerinnen und Ekstase-Krieger
63. Die Symbolik der Körperteile
64. Magie und Ritual
65. Gestaltwandlungen
66. Magische Waffen
67. Magische Werkzeuge und Gegenstände
68. Zaubersprüche
69. Göttermet
70. Zaubertränke
71. Träume, Omen und Orakel
72. Runen
73. Sozial-religiöse Rituale
74. Weisheiten und Sprichworte
75. Kenningar
76. Rätsel
77. Die vollständige Edda des Snorri Sturluson
78. Frühe Skaldenlieder
79. Mythologische Sagas
80. Hymnen an die germanischen Götter

Inhaltsverzeichnis

I	**Rätsel in der germanischen Überlieferung**	**6**
I 1.	Die Bewahrung von Wissen	6
I 2.	Die Formalisierung des Wissens	6
I 3.	Der Wissens-Dialog	8
I 4.	Der eingebettete Wissens-Dialog	8
I 5.	Die Entstehung des Rätsels	12
I 6.	„Mini-Mythen"	13
I 7.	Die Rätsel der Germanen	15
I 7. a)	Die Rätsel in der Saga über König Heidrek den Weisen	15
I 7. b)	Vier anonyme Rätsel	43
I 7. c)	Syrpas Verse	47
I 7. d)	Die Rätsel aus dem Exeter-Buch	49
I 7. e)	Ein Rätsel aus dem altenglischen Runenlied	104
I 7. f)	Ein Rätsel aus der Morkinskinna	105
I 7. g)	Zwei Rätsel aus der Saga über Fridthjof den Kühnen	106
I 7. h)	Ein Rätsel aus der Gesta danorum	110
I 7. i)	Das Rätsel aus der Saga über Ragnar Lodenhose	114
I 7. j)	Das Rätsel aus der Saga über Kampf-Glum	117
I 7. k)	Das Rätsel aus dem Chronicon Lethrense	118
I 7. l)	Das Rätselraten in Gylfis Vision	121
I 8.	Zusammenfassung	122
II	**Rätsel in der indogermanischen Überlieferung**	**123**
II 1.	Rätsel bei den Kelten	123
II 1.	Rätsel bei den Römern	126
II 2.	Rätsel bei den Indern	127
II 3.	Rätsel bei den Persern	132
II 3.	Rätsel bei den Griechen	133
II 5.	Ein germanisch-keltisch-indisches Rätsel	133
II 6.	Rätsel in der indogermanischen Überlieferung	147
III	**Rätsel in der jungsteinzeitlichen Überlieferung**	**148**
III 1.	Rätsel bei den Babyloniern	148
III 2.	Rätsel bei den Ägyptern	148
III 3.	Rätsel bei den Israeliten	149
III 4.	Rätsel in der jungsteinzeitlichen Überlieferung	149
	Themen-Verzeichenis der Reihe „Götter der Germanen	150

I Rätsel in der germanischen Überlieferung

Rätsel sind ein allgemein bekannter Bestandteil der germanischen Kultur. Wie alle Dinge haben auch sie eine längere Vorgeschichte.

I 1. Die Bewahrung von Wissen

In den allermeisten schriftlosen Kulturen gibt es Wissen, das von Generation zu Generation weitergegeben wird. Zu einem großen Teil geschieht dies durch das Erlernen der Alltagstätigkeiten, aber daneben gibt es auch abstrakteres Wissen wie die Mythen, die Geschichte des Stammes, die eigene Ahnenreihe, medizinische Kenntnisse u.ä.

In der Regel besteht dieses Wissen aus drei Teilen:

      1. der Mythologie, d.h. der Schöpfungsgeschichte,
      2. der historischen Geschichte, und
      3. Einzelthemen.

Im Christentum wären dies z.B.:

      1. die Schöpfungsgeschichte (1. Buch Mose),
      2. die Geschichte der Juden und der Christen, und
      3. die Dogmen, die Heiligenlegenden u.ä.

Der erste Teil besteht bei den Indogermanen aus den Mythen, bei den Germanen also z.B. die Götterlieder der Edda und der Gylfaginning des Snorri Sturluson.

Der zweite Teil bildet bei den Indogermanen das Nationalepos – bei den Germanen also die Siegfried-Sage einschließlich der Vöslungensage, die deren Vorgeschichte ist.

Der dritte Teil setzt sich bei den Indogermanen aus deren Sagen, Bräuchen, Magie u.ä. zusammen, bei den Germanen also z.B. die Runensteine, die Zaubersprüche u.ä.

I 2. Die Formalisierung des Wissens

Oft wurde dieses Wissen in einer formalen Weise angeordnet, um das Auswendiglernen zu erleichtern. Zu diesen Hilfsmitteln gehören unter anderem das Versmaß,

Wiederholungen und verschiedene Formen von Reimen. Man könnte sagen, daß die Lyrik erfunden wurde, um es den Menschen zu erleichtern, sich große Mengen von Wissen zu merken.

Oft gab es Spezialisten für die Bewahrung dieses Wissens – in der Regel werden dies die Schamanen-Priester gewesen sein, die eine Vielfalt von Aufgaben gehabt haben.

Diese verschiedenen Tätigkeiten haben sich bei den Indogermanen erst recht spät in verschiedene „Berufe" ausdifferenziert. So spaltete sich z.B. bei den Kelten der Barde von den Druiden ab und bei den Germanen der Skalde von dem Diar, d.h. die Bewahrung des Wissens durch die Sänger-Dichter wurde eine von den Priestern zunehmend unabhängige Tätigkeit.

Grimnir-Lied

Am deutlichsten hat sich diese frühe Entwicklungsstufe im Grimnir-Lied erhalten, in dem Odin den Königssohn Agnar belehrt.

Odin steht bei diesem Lehren in einem Feuer, das der Waberlohe und den Flammen, die aus den Hügelgräbern auflodern, entspricht. Er steht also im Jenseits und lehrt den Königssohn von dort aus das Wissen.

Am Ende des Liedes stirbt Agnars Vater Geirröd, der die Sagen-Variante des Riesen Geirröd, also des ehemaligen Göttervaters Tyr ist. Agnar ist somit der wiedergeborene Geirröd, der wie Tyr jeden Abend durch das Schwert stirbt. Der Hintergrund der Belehrung des Agnar durch Odin ist somit das Krönungsritual der Germanen, das wie alle frühen Krönungen vor allem eine Jenseitsreise des angehenden Königs ist, durch die er den Kontakt zu den Göttern erhält, mit deren Rat und Hilfe er dann herrscht.

Agnar erhält seine Belehrung für den Trank, den Agnar dem Odin reicht. Dies ist eine Umdeutung des Trankes, der bei der Belehrung und auch bei der Krönung getrunken wurde. Er wird u.a. im Sigdrifa-Lied und im Hyndla-Lied beschrieben. Die Wichtigkeit dieses Trankes kann man auch dran erkennen, daß für ihn solche großen Goldhörner wie die von Gallehus hergestellt wurden, auf denen Jenseitsreise-Szenen dargestellt sind. Solche kostbaren Trinkhörner sind auch von vielen anderen indogermanischen Völkern bekannt.

Das Grimnir-Lied ist somit eine Vision des Agnar bei seiner Krönungs-Jenseitsreise, bei der er dieses Wissen über das Jenseits und über Weg dorthin und von dort aus wieder zurück brauchte.

Die Vision der Seherin

Dieses älteste erhaltene Lied der Germanen ist ebenfalls ein Visions-Bericht: Eine Seherin beschreibt in ihm den Verlauf der mythologischen Ereignisse vom Beginn an bis in die Gegenwart.

Durch diese Darstellungsform erhält diese Übersicht eine deutlich größere Dramatik – was unter anderem auch pädagogisch sinnvoll ist, da es den Skalden-Schülern dadurch leichter gefallen sein wird, sich das Lied zu merken. Zugleich entspricht diese Form aber auch der Tatsache, daß die Mythen keine abstrakten philosophischen Spitzfindigkeiten eines kleinen Kreises innerhalb des Gesellschaft gewesen sind, sondern eben die grundlegenden Strukturen der allgemeinen Weltanschauung.

I 3. Der Wissens-Dialog

Das Lernen von Wissen wird auch geprüft worden sein, wodurch sich Fragen des Lehrers und Antworten des Schülers ergeben. Dadurch entstand die Form des Dialoges, deren Fragen der Ursprung der späteren Rätsel sind. In den meisten Kulturen gibt es Rätsel, doch bei den Germanen spielen sie eine besonders große Rolle.

Der reine Wissens-Dialog, also einfach die Fragen der Skalden-Lehrer und die Antworten der Skalden-Schüler haben sich bei den Germanen nicht erhalten, aber die folgende Entwicklungsstufe zeigt, daß es diese Form des „Unterrichtes" gegeben haben muß.

I 4. Der eingebettete Wissens-Dialog

Bei der allgemeinen Neigung der Germanen zur Dramatik konnte es nicht ausbleiben, daß man die Wissens-Dialoge mit einer Rahmenhandlung versah, durch die diese Dialoge deutlich an Spannung gewannen. Für solche Einbettungen gab es verschiedene Möglichkeiten:

Hyndla-Lied

In den Strophen des Hyndla-Liedes geht es vor allem um die Darstellung des Stammbaumes des Helden Otar durch die Riesin Hyndla, die mit Hel identisch ist –

und wer könnte für diese Aufgabe besser geeignet sein als die Jenseitsgöttin Hel-Hyndla, in deren Halle sich all die Toten befinden, die in dieser Genealogie aufgeführt werden? Ihre Gesprächspartnerin ist dabei ihre Schwester Freya – beide sind ursprünglich Aspekte derselben Göttin gewesen.

Die Rahmenhandlung ist die gemeinsame Reise von Freya, Hyndla und Otar, der wie bei Jenseitsreisen üblich die Gestalt eines Ebers angenommen hat, nach Asgard, also zu Odin. Diese Szene geht der des Grimnir-Liedes voraus, in dem der angehende König (Agnar) bereits bei Odin angekommen ist und von ihm die Belehrungen über die Götterwelt erhält.

Wegtam-Lied

Odin ruft die Seherin-Göttin Wala (Hel) aus der Unterwelt herbei, um von ihr das Schicksal seines Sohnes Baldur zu erfahren. Da die handelnden Personen in diesem Lied auch die Personen sind, über die die betreffenden Mythen berichten, verwandelt sich das mythologische Wissen in eine Handlung – die Darstellung rückt aus der Vergangenheit heraus in die Gegenwart und gewinnt dadurch deutlich an Dramatik.

Odins Rabenzauber

Dieses Lied hat dasselbe Thema wie das vorige, aber diesmal sendet Odin die Götter Heimdall, Loki und Bragi aus, damit sie im Jenseits die Göttin Idun, die auch unter anderen Göttinnen-Namen auftritt, über das Schicksal des Baldur befragen.

Dieses Lied ist sehr kunstvoll gedichtet worden und erhält eine Vielzahl von mythologischen Anspielungen, die man auch zu den Auflistungen des mythologischen Wissens zählen kann.

Fiölswin-Lied

Fiölswin-Odin ist in diesem Lied nicht der Schamanengott, sondern der Wächtergott am Jenseitstor, was eine häufige Umdeutung der Schamanengötter ist.

Der Wanderer, der zu dem Jenseitstor gelangt und zu der Jenseitsgöttin Freya-Menglöd eingelassen werden will, um sich mit ihr zu vereinen und dann von ihr wiedergeboren zu werden, ist Swipdag, der Sonnengott, d.h. der ehemalige Göttervater Tyr auf seiner nächtlichen Reise durch das Jenseits. Odin-Fiölswin und Tyr-Swipdag haben hier noch ihre ursprünglichen Funktionen, was auf ein recht großes Alter dieses Liedes oder zu mindestens der ihm zugrunde liegenden mythologischen Szene schließen läßt.

In dem Dialog zwischen den beiden Göttern belehrt Odin-Fiölswin den Tyr-Swipdag über das Wesen des Jenseits. Die Grundstruktur der Rahmenhandlug ist somit dieselbe wie im Grimnir-Lied und im Hyndla-Lied: die Reise des angehenden Königs im Jenseits bei seiner Krönung.

Lokis Streitreden

Dieses Lied bettet die Wissens-Darstellung in einen Beleidigungs-Wettstreit („flyta") ein – für den natürlich kein anderer so gut geeignet ist wie Loki selber. Ein solcher Wettstreit hat natürlich schon aus sich heraus eine große Spannung (und enthält jede Menge interessante Peinlichkeiten), aber er beruht auch auf einem sehr alten mythologischen Thema: dem Streit zwischen dem Winter- und Jenseitsgott Loki und dem Sommergott und Göttervater Tyr. Durch diesen Bezug erhält dieser Streit eine Verankerung in der „mythologischen Realität" und wird zu einem sehr plausiblen Teil der religiösen Weltanschauung der Germanen.

Harbard-Lied

Auch die Rahmenhandlung dieses Liedes spielt an der Jenseitsgrenze, die diesmal ein Sund, also eine Meerenge ist. Dort ist Odin der (Jenseits-)Fährmann, der für seinen Herrn, der der ehemalige Göttervater Tyr ist, arbeitet. Offenbar hat Odin im Zusammenhang mit der Jenseitsreise meistens seine alte Stellung als Schamanengott bewahrt und tritt nicht als Göttervater auf.

Sein Gesprächspartner bzw. genauer gesagt sein Streitpartner ist diesmal sein Sohn Thor, der seinen Vater Odin allerdings nicht erkennt. Dieser Streit ist vermutlich durch den sonst üblichen Kampf zwischen Thor und dem Tyr-Riesen (Hrungnir, Geirröd, Thrym usw.), der hier der Auftraggeber des Odin ist, inspiriert worden.

Odin verwehrt Thor die Überfahrt, was nicht nur den rhetorischen Anlaß für das Streitgespräch bietet, sondern zugleich auch Odin deutlich dem Thor überordnet – die Rahmenhandlungen konnten auch religionspolitische Aussagen enthalten ...

Das dargestellte mythologische Wissen ist wie in „Lokis Streitreden" in einen „flyta" eingebettet worden, was die Möglichkeit bietet, viele einzelne mythologische

Motive anzubringen und sie (zum Vergnügen der Zuhörer) möglichst peinlich zu formulieren.

Wafthrudnir-Lied

Odin reist zu dem Tyr-Riesen Wafthurdnir und besiegt ihn in einem Wissen-Wettstreit.

Die Rahmenhandlung dieses Liedes ist somit die Absetzung des alten Göttervaters Tyr (Wafthrudnir) durch den neuen Göttervater Odin, die um ca. 500 n.Chr. stattfand.

Die Rahmenhandlungen sind auch selber stets ein allgemein gut bekanntes mythologisches Motiv – sonst könnte das Lied für die Hörer nicht überzeugend wirken. Die neuen Lieder sind keine völligen Neuschöpfungen, sondern nur eine neue Art, die alten Themen zu erzählen und sie manchmal leicht abzuwandeln.

Alwis-Lied

Dies ist eine Variante des vorigen Liedes, in dem Thor den Tyr-Zwerg Alwis in einem Wissens-Wettstreit besiegt. Die Situation ist wieder die nächtliche Jenseitsreise des Tyr: Der Tyr-Zwerg Alwis hält bei Thor um die Hand der Jenseitsgöttin Thrudr an, die zu der Zeit, in der dieses Lied verfaßt wurde, bereits als Thors Tochter aufgefaßt worden ist.

Der Umstand, daß Thor den Tyr-Zwerg Alwis in für den Donnergott sehr untypischer Weise mit Worten statt mit Waffen schlägt, zeigt, daß es sich bei diesem Lied um die Übertragung eines Tyr/Odin-Motives auf Tyr/Thor handelt.

Eine ähnliche Überordnung des Thor über Tyr findet sich auch im Hymir-Lied.

Fafnir-Lied

Sigurd befragt den von ihm tödlich verwundeten Drachen Fafnir während dessen letzten Atemzügen über das Jenseits. Dies ist plausibel, da der Drache bereits der Totengeist eines Menschen ist und sich daher im Jenseits befindet.

Das Gespräch zwischen Sigurd und Fafnir entspricht dem zwischen Odin und der Wala: beide sind zu einem Hügelgrab in der Heide gegangen, haben eine Tote bzw. einen Drachen aus dem Jenseits herbeigerufen und sie um Rat gefragt.

Solche Totenbeschwörungen waren damals die übliche Weise, auch nach dem Tod der eigenen Vorfahren von ihnen noch weiterhin Rat und Unterstützung zu erhalten („Utiseta"). Daher ist diese Szenerie für einen damaligen Zuhörer ebenfalls plausibel gewesen.

Das dargestellte mythologische Wissen besteht aus vielen verschiedenen Einzel-Motiven.

<u>Völsungen-Saga / Das andere Lied über Sigurd Fafnir-Töter</u>

In dieser Saga bzw. in diesem Lied stellt Loki dem Zwerg/Fisch Andwari (Tyr) eine Frage zu ihm selber und eine Wissensfrage über die Strafe für Lügner im Jenseits – ein dezenter Hinweis darauf, was Andwari erwartet, wenn er Loki nicht aufrichtig und ehrlich antwortet.

I 5. Die Entstehung des Rätsels

Im Gegensatz zu dem Wissens-Dialog, bei dem der Fragende hofft, daß der Antwortende sich gemerkt hat, was er sagen muß, zielt das Rätsel darauf ab, daß seine Zuhörer zunächst ratlos und um eine Antwort verlegen sind. Aus dem Wissens-Test ist somit ein geistiges Geschicklichkeits-Spiel geworden.

Die wichtigste Voraussetzung für diese Entwicklung ist, daß die germanische Religion nicht mehr die gültige Weltanschauung gewesen ist. Unter solchen Umständen werden die Mythen zu Sagen und schließlich zu Märchen, während die Orakel zu Spielen werden (Tafl).

Auf diese Weise entstanden u.a. aus dem chinesischen I Ging die Spiele Dame, Schach und Gobang; aus der ägyptischen Osiris-Mythe das Spiel Senet und viele andere Weg-Spiele („Gänse-Spiel" u.ä.); aus dem mittelamerikanischen Ball-Wettstreit, mit dessen Hilfe die Opfer in den Ritualen bestimmt wurden, Federball, Tennis, Fußball u.ä.; aus den mit dem kabbalistischen Lebensbaum aus der jüdischen Mystik verbundenen Bildern das Tarot-Orakel und aus diesen dann die Spiele Romee, Skat u.ä.

Die ernsthafte Wissens-Erlernung wurde auf genau dieselbe Weise zu einem geistigen Spiel, eben dem Rätselraten.

Dabei hat sicherlich auch die Vorliebe der Germanen für Kenningar, also die Umschreibung eines Dinges ohne es selber zu nennen („Wogen-Roß" für „Schiff"), eine große Rolle gespielt, da ein Rätsel dieselbe grundlegende Struktur hat: Es wird eine Sache beschrieben, ohne sie selber zu nennen.

Das erste echte Rätsel in der germanischen Mythologie, das allerdings noch sehr ernst gemeint war und kein Spiel gewesen ist, ist Odins Frage, was er seinem toten Sohn Baldur in das Ohr geflüstert hat, als dieser auf seinem Scheiterhaufen lag. Die Antwort auf diese Frage war nur den Schamanen bekannt, also den Menschen, die selber bei einem Nahtod-Erlebnis oder bei einem Einweihungs-Ritual ins Jenseits gereist sind.

Das, was Odin dem Baldur ins Ohr geflüstert hat, ist die Wegbeschreibung in das Jenseits und ähnliche Hilfen für Baldur auf seiner Reise zur Hel. Dies wird einst bei jeder Bestattung in dieser Weise stattgefunden haben.

Schließlich gibt es bei einigen Rätseln, insbesondere bei dem germanischen Stamm der Angelsachsen, noch einen weiteren Aspekt der Rätsel: Es gab oft zwei mögliche Antworten – eine offensichtliche, die erotisch war, und eine zweite verborgene, die sich auf einen Alltagsgegenstand bezog.

Durch solche Rätsel konnte man den Befragten hereinlegen und anschließend, wenn er versehentlich die erste (erotische) Antwort gab, herzhaft auslachen.

I 6. „Mini-Mythen"

Die meisten Rätsel beruhen auf einem Gleichnis, d.h. auf der Beschreibung einer Sache mithilfe einer anderen Sache, die ihr von ihrer Struktur her gleicht.

Dieses Konstruktionsprinzip findet sich auch an mehreren anderen Stellen nicht nur bei den Germanen.

Das wichtigste Analogie-Element in einer Kultur sind die Mythen, also die Erzählungen darüber, wie die Welt ist. Diese Beschreibungen stammen aus dem Bereich der Menschen, d.h. die Dinge in der Welt, über die die Mythen berichten, sind häufig personifiziert worden oder werden mithilfe eines Gleichnisses aus dem Alltag der Menschen beschrieben.

So wird z.B. in fast allen Ackerbau-Kulturen die Aussaat, das Keimen und die Ernte des Getreides der Zeugung, der Geburt und dem Tod eines Menschen gleichgesetzt.

Die Weisheiten und Sprichworte der Menschen sind häufig auch solche Gleichnisse, durch die man eine Erkenntnis bildhaft beschreibt – wie z.B. das heutige Sprichwort „Der Apfel fällt nicht weit vom Stamm." für die Erkenntis, daß die Kinder den Eltern gleichen.

Die Kenningar der Germanen sind ebenfalls solche Gleichnisse, durch die etwas anders als gewohnt beschrieben wird: „Wogen-Roß" ist eine Umschreibung für „Schiff" mithilfe des Gleichnisses zwischen „Roß" und „Schiff" (beides sind

Fortbewegungsmitel) und einer zusätzlichen Präzisierung des Fortbewegungsmittels, das gemeint ist (Wasser).

Der Witz beruht auf derselben Grundstruktur: Es wird etwas erzählt, das wie eine bestimmte Sache aussieht, aber sich dann durch die Pointe, die der Lösung des Rätsels entspricht, als eine ganz andere Sache entpuppt. Diese andere Sache ist stets etwas, was sehr gefühlsbeladen ist, d.h. aus den Bereichen Sex, Tod, Schmerz, Schadenfreude usw. stammt. Durch die Identifizierung des Zuhöres mit der anscheinend harmlosen Erzählung findet er sich plötzlich in dem hinter dieser Geschichte verborgenen Gefühl wieder. Diese verborgene Spannung setzt sich dann durch das Lachen frei.

Auch Personennamen haben manchmal den Charakter eines Gleichnisses: Sie bestehen häufig aus dem Namen einer Gottheit o.ä. und etwas, von dem man sich wünschte, das der Junge bzw. das Mädchen, dem man den betreffenden Namen gegeben hatte, dies von der Gottheit erhielt: Gottfried = Gott-Frieden; Sigrun = Sig-Geheimnis; Arnfast = Adler-Standfestigkeit usw.

Man kann somit Rätsel, Witze, Kenningar, Weisheiten, Sprichworte und zum Teil auch Personennamen als „Mini-Mythen" auffassen.

I 7. Die Rätsel der Germanen

Im folgenden sind die verschiedenen überlieferten Rätsel, die meist in größeren Gruppen erhalten geblieben sind, chronologisch geordnet worden. Diese Sortierung orientiert sich an den Daten der ältesten bekannten Niederschrift. Man wird jedoch davon ausgehen können, daß ein großer Teil dieser Rätsel bereits vorher längere Zeit mündlich überliefert worden ist.

I 7. a) Die Rätsel in der Saga über König Heidrek den Weisen

Einst lebte ein Mann, der wurde Gestumblindi genannt, ein machtvoller und großer Feind des König Heidrek.

„Gestumblindi" bedeutet „Gast des Blinden". Dieser (Halb-)Blinde ist Odin – ein Einäugiger ist ein Halbblinder. Der „Gast des Odin" ist somit ein Verehrer des Odin.
„Heidrek" bedeutet „Licht-König" und ist ein Beiname des ehemaligen Sonnengott-Göttervaters Tyr.
In dieser Rätsel-Sammlung geht es also um einen Wissenswettstreit zwischen Tyr und Odin, durch den entscheiden werden soll, wer der Weisere von beiden ist – und folglich das Anrecht hat, Göttervater zu sein. Dieser Tyr von Räteslwettstreit stammt offenbar aus der Zeit um 500 n.Chr. als bei den Nordgermanen Thor und Odin Tyr als Göttervater abgesetzt haben.

Der König sandte ihm eine Botschaft und sagte, daß er kommen und die Dinge mit ihm bereinigen solle, wenn er sein Leben behalten wolle.
Gestumblindi war kein sehr weiser Mann und weil er wußte, daß er nicht in der Lage sein würde, gut mit dem König zu reden, und weil er auch wußte, daß es nicht gut ausgehen würde, wenn er sich dem Urteil der Weisen unterwerfen würde – da sie viel gegen ihn vorzubringen hatten – entschloß er sich, dem Odin zu opfern, um von ihm Hilfe zu erlangen und um ihn zu bitten, sich seiner Sache anzunehmen, und er versprach ihm viele Geschenke.

Durch sein Opfer an Odin bestätigt Gestumblindi, daß er ein Verehrer des Odin ist und „den Blinden zu Gast hat", d.h. daß er hofft, daß Odin zum ihm kommt, wenn er seine Hilfe braucht.
König Heidrek ließ jedes Urteil von seinen zwölf Weisen fällen – aber es gab auch die Möglichkeit, dadurch einen Freispruch zu erlangen, daß man König Heidrek ein Rätsel stellte, daß er nicht lösen konnte.

Spät an einem Abend klopfte es an seiner Tür und Gestumblindi ging zur Schwelle und sah, daß ein Mann gekommen war. Er frug den Mann nach seinem Namen und der Fremde nannte sich selber ebenfalls Gestumblindi und sagte, daß sie ihre Kleider tauschen sollten – und das taten sie.

Der Hausherr ging fort und verbarg sich und der Fremde ging hinein und jeder dachte, daß es Gestumblindi sei. So verging die Nacht.

Odin übernimmt die Rolle des Gestumblindi.

Am nächsten Tag machte sich Gestumblindi auf den Weg zu dem Treffen mit dem König. Er begrüßte den König herzlich. Der König jedoch schwieg.

„Herr," sagte Gestumblindi, „ich bin hierher gekommen, um alle Dinge mit Dir zu bereinigen."

Der König antwortete: „Willst Du das Urteil meiner Weisen annehmen?"

Er sprach: „Gibt es keinen anderen Weg aus dieser Sache?"

Der König antwortete: „Es gibt einen anderen, wenn Du es Dir zutraust, Rätsel zu stellen."

Gestumblindi antwortete: „Darin bin ich nicht besonders gut. Aber die andere Wahl ist ebenfalls hart."

„Würdest Du dann lieber," sprach der König, „das Urteil meiner weisen Männer annehmen?"

„Ich glaube," sprach Gestumblindi, „ich werde lieber die Rätsel versuchen."

1. Rätsel

Da sprach Gestumblindi dies:

„Ich begehre das,
was ich gestern hatte;
weißt Du, was es war?
Der Leute Lähmer,
des Wortes Hemmer
und des Wortes Wecker.
König Heidrek,
kannst Du's erraten?

„Gut ist Dein Rätsel,
Gestumblindi,

doch gleich ist es erraten:
Man reiche ihm Bier:
Das lähmt vielen den Witz;
dem einen stockt
die Zunge davon,
der die andern werden redselig."

2. Rätsel

Gestumblindi sprach:

„Von daheim ging ich,
von daheim ging mein Pfad,
ich sah Wege auf dem Weg:
Weg war unten
und Weg oben,
Weg auf allen Seiten.
König Heidrek,
kannst Du's erraten?"

„Gut ist Dein Rätsel,
Gestumblindi,
doch gleich ist es erraten:
Du gingst über eine Brücke:
unter ihr war der Flussweg,
überm Kopf flogen Dir die Vögel
und auch links und rechts
und das war deren Weg."

3. Rätsel

Gestumblindi sprach:

„Welcher Trank ist das,
den ich gestern getrunken habe,
Es war nicht Wein und nicht Wasser,

nicht Ale, nicht Met,
noch irgendeine Speise,
doch ich ging durstlos von dannen.
König Heidrek,
kannst Du's erraten?"

„Gut ist Dein Rätsel,
Gestumblindi,
doch gleich ist es erraten:
Du legtest Dich
im Schatten hin,
als Tau übers Gras gefallen war,
und kühltest so Deine Lippen
und löschtest so Deinen Durst.

Doch wenn Du der Gestumblindi bist, von dem ich dachte, daß Du das wärst, dann bist du klüger als ich erwartet habe, denn ich habe gehört, daß es Deinen Worten an Weisheit mangelt – aber nun werden sie immer gewitzter."

„Mir werden sie wahrscheinlich bald ausgehen," sprach Gestumblindi, „aber ich hätte gern, daß Du Dir noch ein weiteres anhörst."

4. Rätsel

„Wer ist der Hallende,
wer schreitet auf hartem Pfad,
den er schon zuvor ging?
Er küßt recht hart
und hat zwei Münder
und läuft nur auf Gold.
König Heidrek,
kannst Du's erraten?"

„Gut ist Dein Rätsel,
Gestumblindi,
doch gleich ist es erraten:
Das ist der Hammer des Goldschmieds,
der mit ihm Gold schlägt.

Er schreit laut auf,
wenn er den harten Amboß trifft,
und das ist auch sein Weg."

5. Rätsel

Gestumblindi sprach:

„Wer ist der Mächtige,
der über die Lande zieht?
Er frißt Wasser und Wald:
Regen fürchtet er
und Wind, doch keine Bewaffneten,
und er kämpft gegen die Sonne.
König Heidrek,
kannst Du's erraten?"

„Gut ist Dein Rätsel,
Gestumblindi,
doch gleich ist es erraten:
Das ist der Nebel:
Er ergreift die Erde, sodaß man sie nicht sieht,
er verschwindet, sobald der Wind kommt,
aber Menschen vermögen nichts gegen ihn;
und er schlägt den Sonnenschein tot.

Aber das sind wirklich geschickte Rätsel, die Du da stellst – wer immer Du auch sein magst."

6. Rätsel

Gestumblindi sprach:

„Wer ist der Mächtige,
der über manches waltet
und sich halb zur Hel wendet?

Er schützt die Männer,
er kämpft mit Jörd,
er ist ein wirklich treuer Freund.
König Heidrek,
kannst Du's erraten?"

„*Gut ist Dein Rätsel,*
Gestumblindi,
doch gleich ist es erraten:
das ist der Anker an einem dicken und starken Tau:
er beherrscht manches Schiff
und gräbt sich mit seiner Spitze in Jörd
und neigt sich dabei zur Hel
und schützt dadurch viele Männer.

   Aber ich wundere mich doch sehr über Dein Geschick mit Worten und über Deine Weisheit!"

   Gestumblindi sprach: „Ich weiß nun fast keine Rätsel mehr und sehne mich nach dem Ende."

Jörd ist die Erde und die Erdgöttin.
Hel ist das Jenseits unter der Erde – der Anker sinkt in ihre Richtung hinab.

7. Rätsel

„*Wer wohnt in den Bergen?*
Wer fällt in tiefe Täler?
Wer lebt ohne Atem?
Wer schweigt niemals?
König Heidrek,
kannst Du's erraten?"

„*Gut ist Dein Rätsel,*
Gestumblindi,
doch gleich ist es erraten:
Der Rabe lebt stets auf hohen Felsen

und Tau fällt stets in tiefe Täler;
Fische leben ohne Atem
und der brausende Wasserfall schweigt niemals."

„Mein Geist hat schwer gearbeitet," sprach Gestumblindi, „und ist nun leer und ich weiß nicht, wie es jetzt weitergehen soll."

8. Rätsel

„Welches Wunder ist das,
das ich draußen sah
vor Dellings Toren:
Sein Haupt ist
zur Hel gewandt,
aber seine Füße zur Sonne und zum Schnee?
König Heidrek,
kannst Du's erraten?"

„Gut ist Dein Rätsel,
Gestumblindi,
doch gleich ist es erraten:
Das ist der Lauch:
sein Kopf ist
in der Erde,
seine Blätter sind
in der Luft."

Der Gott/Riese Delling (Tyr im Jenseits) ist der Vater des Gottes/Riesen Dag („Tag" = der wiedergeborene Tyr im Diesseits). „Vor Dellings Tor" bedeutet somit „morgens kurz vor Sonnenaufgang".

9. Rätsel

Gestumblindi sprach:

„Welches Wunder ist das,
das ich draußen sah
vor Dellings Toren:
zwei Leblose,
ohne Atem,
verwunden den Blut-Lauch.
König Heidrek,
kannst Du's erraten?"

„Gut ist Dein Rätsel,
Gestumblindi,
doch gleich ist es erraten:
 Es sind die Schmiede-Blasebälger. Sie haben Wind, aber keinen Atem. Und sie sind tot wie alles andere, was von Menschen erschaffen worden ist; aber mit ihrer Hilfe kann man ein Schwert oder jedes andere Ding erschaffen.

 Aber das sind für einen Mann wie Dich sehr geschickte Rätsel, die Du mir da stellst. Du bist doch eigentlich kein großer Worte-Schmied!"

 Lauch ist etwas Schmales und Langes; etwas Lang-Schmales, das mit Blut bedeckt ist, ist eine Schwertklinge.

10. Rätsel

Gestumblindi sprach:

„Welches Wunder ist das,
das ich draußen sah
vor Dellings Toren:
Sie wirbeln weiß,
sie schlagen den Stein,
sie versinken schwarz im Schlamm.
König Heidrek,
kannst Du's erraten?"

*„Gut ist Dein Rätsel,
Gestumblindi,
doch gleich ist es erraten:*

Sie werden einfacher ... das ist Hagel und Regen, denn Hagel schlägt auf die Straße, wird zu Regentropfen und versinkt im Sand und geht in die Erde."

11. Rätsel

Gestumblindi sprach:

*„Welches Wunder ist das,
das ich draußen sah
vor Dellings Toren:
Einen schwarzer Keiler
sah ich im Schlamm waten
und sein Rücken war ohne Borsten.
König Heidrek,
kannst Du's erraten?"*

*„Gut ist Dein Rätsel,
Gestumblindi,
doch gleich ist es erraten:
Es ist ein Mistkäfer.*

Aber das will was heißen, wenn Mistkäfer zu dem geworden sind, worüber sich große Männer unterhalten!"

Gestumblindi antwortete: „Üble Dinge schiebt man besser vor sich her und viele Männer spielen um Zeit – und ich sehe, daß noch ein paar Rätsel übrig sind. Und ich denke, daß ich nichts unversucht lassen sollte."

12. Rätsel

Gestumblindi sprach:

"Welches Wunder ist das,
das ich draußen sah
vor Dellings Toren:
Es hat zehn Zungen,
zwanzig Augen, vierzig Füße,
vorwärts stapft das Ungeheuer.
König Heidrek,
kannst Du's erraten?"

"Gut ist Dein Rätsel,
Gestumblindi,
doch gleich ist es erraten:
Das ist eine Sau
und sie trägt neun Ferkel in sich."

Da ließ der König die Sau schlachten und es waren wirklich neun Ferkel in ihr, wie Gestumblindi es gesagt hatte.

Da sprach der König: *"Ich weiß wirklich nicht, woher Du Deine Weisheit nimmst, und ich frage mich, wer Du eigentlich bist."*

Gestumblindi antwortete: *"Ich bemühe mich nur, weil Du das verlangst, und mir wäre es lieber, wenn wir beide ohne einen solch harten Streit leben könnten."*

Da antwortete der König: *"Du sollst weiter Rätsel vortragen, bis ich eins nicht raten kann!"*

Hier zeigt Gestumblindi, d.h. Odin, daß er (mit seinem blinden Auge) auch in das Verborgene blicken kann und daher weiß, wieviele Ferkel die Sau gebären wird – Odin ist ein Zauberer.

13. Rätsel

Gestumblindi sprach:

„*Welches Wunder ist das,
das ich draußen sah
vor Dellings Toren:
Es fliegt über uns,
der Ulmen-Ruf gellt,
hart packt es die Helme.
König Heidrek,
kannst Du's erraten?*"

„*Gut ist Dein Rätsel,
Gestumblindi,
doch gleich ist es erraten:
Das ist der Pfeil.*"

Ulmen-Ruf = Zischen eines Pfeiles aus Ulmen-Holz

14. Rätsel

Gestumblindi sprach:

„*Welches Wunder ist das,
das ich draußen sah
vor Dellings Toren:
Es hat acht Füße
und vier Augen
trägt seine Knie über dem Kopf.
König Heidrek,
kannst Du's erraten?*

„*Gut ist Dein Rätsel,
Gestumblindi,
doch gleich ist es erraten:
Das ist eine Beerenstrauch-Weberin.*"

Der König sprach: „Zum einen hängt Dein Hut tief herab und zum anderen siehst Du unter ihm heraus wirklich mehr als andere Menschen und betrachtest jedes Ding auf der Erde."

Die Beerenstrauch-Weberin ist eine Spinnen-Art.

Der tief in die Stirn gezogene Hut ist eines der Merkmale des Gottes Odin, der sich hier als Gestumblindi verkleidet hat. Durch den tief in die Stirn gezogenen Hut vermeidet Odin, daß Gestumblindi sieht, daß er nur ein Auge hat und das andere blind ist – und ihn daran als Odin erkennt.

15. Rätsel

Gestumblindi sprach:

*„Welches Wunder ist das,
das ich draußen sah
vor Dellings Toren:
Es leuchtet den Leuten,
Lohe verschlingt es
und Warge streiten sich ständig darum.
König Heidrek,
kannst Du's erraten?"*

*„Gut ist Dein Rätsel,
Gestumblindi,
doch gleich ist es erraten:*

Das ist die Sonne. Sie erhellt alle Länder und scheint für alle Menschen und Skalli und Hati heißen die beiden Warge. Das sind Wölfe – einer rennt vor ihr und der andere hinter ihr."

16. Rätsel

Gestumblindi sprach:

*"Welches Wunder ist das,
das ich draußen sah
vor Dellings Toren:
Kein Horn ist so hart,
kein Rabe ist so schwarz,
kein Speerschaft ist so gerade,
kein Ei-Häutchen ist so weiß.
König Heidrek,
kannst Du's erraten?"*

*"Gut ist Dein Rätsel,
Gestumblindi,
doch gleich ist es erraten:
Es ist der Rabenflint,
wenn die Sonne auf ihn scheint."*

Heidrek sagte: "Deine Rätsel lassen ein wenig nach, Gestumblindi. Wozu soll es gut sein, damit noch länger weiter zu machen? Und weißt Du keine andere Art, Rätsel zu stellen als immer mit demselben Anfang, wo Du doch so viel zu wissen scheinst?"

Gestumblindi sagte: "Der, der nur ein kleines Messer hat, muß nach den Gelenken schauen ... und ebenso, wenn man nicht allzuviel weiß. Ich würde gerne noch ein weiteres Rätsel stellen."

Das Sprichwort, daß Gestumblindi als Argument dafür benutzt, daß er auch solch einfache und einander sehr ähnliche Rätsel stellt, bedeutet, daß derjenige, der nicht viel zur Verfügung hat, mit dem wenigen geschickt umgehen muß, um sein Ziel zu erreichen.
Rabenflint ist schwarzer, glatter Feuerstein, der im Sonnenlicht glänzt.
Die letzten neun Rätsel haben alle dieselben drei ersten Verse. Vermutlich sind sie eine alte Gruppe von Rätseln, die hier aufgenommen worden ist.

17. Rätsel

„*Weißhaarige Weiber, zwei Mägde:*
sie trugen ein Bierfaß zum Haus;
es wurde nicht mit Händen hergestellt,
nicht mit Hämmern gehauen,
dennoch war auf der Insel
die Aufrechte, die es erschuf.
König Heidrek,
kannst Du's erraten?"

„*Gut ist Dein Rätsel,*
Gestumblindi,
doch gleich ist es erraten:
   Das sind zwei Schwäne, die ihre Eier legen. Die Eierschale ist nicht von Hand oder mit dem Hammer gemacht und und der Küfer trägt die Eier in das Nest."*

Die „Aufrechte" ist die Schwanenfrau.

18. Rätsel

   Gestumblindi sprach:

„*Wer sind diese Trollfrauen*
auf den mächtigen Bergen:
Frau zeugt mit Frau,
Frau empfängt von Frau
einen Sohn,
und diese Frauen haben keinen Mann?
König Heidrek,
kannst Du's erraten?"

„*Gut ist Dein Rätsel,*
Gestumblindi,
doch gleich ist es erraten:
Das sind zwei Engelwurzstauden,
zwischen denen ein Junges aufschießt.

Aber ich wundere mich wirklich über Deine Weisheit und Deine Art, mit Worten umzugehen."

Gestumblindi sprach: „Ich habe nun fast keine Rätsel mehr – aber jeder ist gierig nach Leben ..."

Auch dieser letzte Satz ist wieder ein Sprichwort – es war damals recht beliebt, mithilfe von Sprichworten zu argumentieren.
Der Engelwurz (Angelica archangelica) heiß auf altnordisch „fjallhvannir", was „Berg-Schöne" bedeutet – die Pflanze trägt also einen „Frauennamen". Daher kann Gestumblindi diese Pflanze als „Frau" umschreiben.

19. Rätsel

Gestumblindi sprach:

„Wer sind die beiden weisen Frauen,
die um ihren König
waffenlos kämpfen?
Alle Tage
verteidigen die Dunklen,
aber die Hellen rücken vor.
König Heidrek,
kannst Du's erraten?"

„Gut ist Dein Rätsel,
Gestumblindi,
doch gleich ist es erraten:
Das ist das Spiel 'Königs-Tafl':
die dunklen Spielsteine
kämpfen waffenlos
für ihren König
und die hellen greifen ihn an."

Beim Tafl-Spiel stehen die dunklen Spielsteine stets innen um den König herum und verteidigen ihn, während die hellen Spielsteine außen stehen und den König angreifen.

20. Rätsel

Gestumblindi sprach:

*„Ich sah einen Hengst,
er stieß eine Stute,
schwang seinen Schweif
und schlug mit dem Hintern unter den Bauch;
er muß es herausziehen
und eine lange Zeit damit wackeln.
König Heidrek,
kannst Du's erraten?"*

*„Gut ist Dein Rätsel,
Gestumblindi,
doch gleich ist es erraten.
Doch dieses Rätsel soll mein Gefolge raten."*

*Sie machten viele Vorschläge und meist nicht sehr anständige.
Als er sah, daß sie die Lösung nicht finden würden, sagte der König: „Der Hengst ist ein Leinen-Gewebe und der Webrahmen ist seine Stute und das Gewebe wird auf und nieder schwingen."*

21. Rätsel

Gestumblindi sprach:

*„Wer sind die Gespielinnen,
die über das Land ziehen
zu ihrem wartenden Vater?
Im Sommer tragen sie
einen schwarzen Schild,
im Winter jedoch einen schwarzen.
König Heidrek,
kannst Du's erraten?"*

*„Gut ist Dein Rätsel,
Gestumblindi,*

doch gleich ist es erraten:
Das sind die Schneehühner –
die sind im Winter weiß
und im Sommer schwarz."

Das Motiv des „wartenden Vaters" ist aus dem nächsten Rätsel hierher übertragen worden, obwohl es hier garnicht paßt.

22. Rätsel

Gestumblindi sprach:

„Wer sind die weisen Frauen,
die voll Sorgen gehen
zu ihrem wartenden Vater?
Sie haben bleiches Haupthaar
wie eine Decke aus Neuschnee
und sie wachsen im Wind.
König Heidrek,
kannst Du's erraten?"

„Gut ist Dein Rätsel,
Gestumblindi,
doch gleich ist es erraten:
Das sind die Wogen,
die wir 'Ägirs Töchter' nennen."

Die hohen Wellen wurden als die neun Töchter des Meeresgottes, der Ägir, Hler oder Gymir hieß, angesehen. Der Meeresgott ist der 'wartende Vater' der neun Wogen-Mädchen.

23. Rätsel

Gestumblindi sprach:

„Wer sind die Mädchen,
die alle gemeinsam gehen
zu ihrem wartenden Vater?
Vielen Männern
haben sie Leid gebracht,
so leben sie ihr Leben.
König Heidrek,
kannst Du's erraten?"

„Gut ist Dein Rätsel,
Gestumblindi,
doch gleich ist es erraten:
Das sind wieder die Wellen."

24. Rätsel

Gestumblindi sprach:

„Wer sind die Frauen,
die gemeinsam gehen
zu ihrem wartenden Vater?
Sie sind selten freundlich
zu den Schiffen der Menschen
und sie erwachen im Wind.
König Heidrek,
kannst Du's erraten?"

„Gut ist dein Rätsel,
Gestumblindi,
doch gleich ist es erraten:
  Das sind wie zuvor die Ägir-Töchter – so nennt man die Wogen."

Die drei letzten Rätsel bilden wieder eine Gruppe, die vermutlich aus einer anderen Geschichte hierher übernommen worden ist. Das Rätsel, das vor ihnen gestellt wurde, gehört formal zu ihnen, da es denselben Anfang hat, und das Rätsel, das nun noch folgt, gehört ebenfalls zu ihnen, da es dieselbe Antwort hat.

Die „Vater-Gruppe", die aus drei bis fünf Rätseln besteht, ist anscheinend nicht so klar überliefert worden wie weiter oben die neun „Delling-Rätsel". Vermutlich ist es eine Vierer-Gruppe gewesen, da vier dieser fünf Rätsel formal zusammengehören und vier inhaltlich zusammengehören.

25. Rätsel

Gestumblindi sprach:

„Wer sind die Bräute,
die im Gischt-Gewand gehen
und deren Fahrt durch die Fjorde führt?
Sie haben ein hartes Bett,
sie sind wie mit weißem Neuschnee bedeckt
und sie ziehen sich bei Windstille zurück.
König Heidrek,
kannst Du's erraten?"

„Gut ist Dein Rätsel,
Gestumblindi,
doch gleich ist es erraten:

Das sind wieder die Töchter des Ägir; ihre Betten sind die Schären und die Felsen und bei Windstille sind sie fort.

Aber das, was Du hier vorträgst, ist völlig wertlos – willst Du Dich nicht doch lieber dem Urteil meiner weisen Männer unterwerfen?"

Gestumblindi sprach: „Ich zögere, mich dem zu stellen, obwohl ich glaube, daß es bis dahin nicht mehr lange dauern wird."

26. Rätsel

Gestumblindi sprach:

*„Fortziehen sah ich
der Erde Staub-Bewohner;
ein Toter saß auf einem Totem,
ein Blinder ritt auf einem Blinden
zum Brandungsweg:
dem Sattelträger mangelte es an Atem.
König Heidrek,
kannst Du's erraten?"*

*„Gut ist Dein Rätsel,
Gestumblindi,
doch gleich ist es erraten:
Du kamst zu einem Fluß,
auf dem eine Eisscholle trieb,
auf der eine tote Schlange lag;
und beide waren blind
und beide trieben zum Meer."*

Dann sprach der König: „Wer weiß, welcher weisere Mann hier seine Hand im Spiel hat – ich weiß noch immer nicht, was für ein Mann Du eigentlich bist."

Gestumblindi antwortete: „Ich bin genau der, als den Du mich siehst, aber ich würde gerne mein Leben von Dir gewährt bekommen und von dieser Anstrengung befreit sein."

Der König sprach: „Du stellst weiter Rätsel bis Du fertig bist oder bis ich eins nicht erraten kann!"

Dies ist eine Bestattungs- und Jenseitsreise-Szene: Die Schlange ist ein Toter bzw. ein Totengeist; der „Reiter" impliziert ein Roß, daß mit ihm zusammen bestattet worden ist; der Fluß ist der Jenseitsfluß Gjallar; und die Eisscholle ist das Eis von Niflheim/Elivagar, also das Jenseits.

27. Rätsel

Gestumblindi sprach:

*„Welches Tier ist das,
das den Tapferen schützt?
Es hat einen blutigen Rücken,
es birgt die Männer,
es wehrt den Speeren,
es bewahrt das Leben,
man legt die Hand
in seinen hohlen Leib.
König Heidrek,
kannst Du's erraten?"*

*„Gut ist Dein Rätsel,
Gestumblindi,
doch gleich ist es erraten:
Das ist der Schild,
er birgt die Männer
und er hat oft einen blutigen Rücken."*

Der runde Schild der Germanen hat auf seiner 'Bauchseite', also auf der dem Krieger zugewandten Seite, ein Loch, das auf der dem Krieger abgewandten 'Rückenseite' mit einer Metallhalbkugel geschützt ist, die man 'Schildbuckel' nennt. In dieser Halbkugel befindet sich der Griff, an dem man den Schild hält – dieser Griff befindet sich somit 'in dem hohlen Leib des Tieres'.

28. Rätsel

Gestumblindi sprach:

*„Wie heißt das Tier,
das das Vieh der Männer tötet
und außen von Eisen ist?
Es hat acht Hörner,
aber kein Haupt,
und es rennt, sobald man es laufen läßt.*

*König Heidrek,
kannst Du es erraten?"*

*„Gut ist Dein Rätsel,
Gestumblindi,
doch gleich ist es erraten:
Das ist der Hunne im Hnefatafl-Spiel;
ihn nennt man 'Bär';
er rennt, sobald man ihn wirft;
seine Hörner sind seine Ecken."*

   Der 'Hunne' oder 'Bär' ist der Würfel (er hat acht Ecken), der bei manchen Tafl-Spielen benutzt wurde.
   Die Germanen bezeichneten „Ecken" als „Hörner".

29. Rätsel

Gestumblindi sprach:

*„Vor langer Zeit
wuchs eine Nasengans auf,
brachte Brut-liebend
Bauholz heran;
ihr halfen
die Beiß-Schwerter
des Strohs,
darüber lag des Trankes
dröhnendes Stein-Dach.
König Heidrek,
kannst Du es erraten?"*

*„Gut ist Dein Rätsel,
Gestumblindi,
doch gleich ist es erraten:
   Eine Ente hatte ihr Nest zwischen den Kiefern eines toten Rindes gebaut, und der Schädel lag oben drüber."*

   Ein „Beiß-Schwert" ist ein Zahn. Ein „Beiß-Schwert des Strohs" ist der Kiefer eines

Rindes, eines Pferdes, eine Ziege o.ä, das Stroh frißt.

30. Rätsel

Gestumblindi sprach:

„Vier hängen,
vier gehen,
zwei weisen den Weg,
zwei wehren den Hunden,
einer folgt nach –
meistens ziemlich dreckig.
König Heidrek,
kannst Du es erraten?"

„Gut ist Dein Rätsel,
Gestumblindi,
doch gleich ist es erraten:
    Es ist eine Kuh. Sie hat vier Füße und vier Zitzen, zwei Hörner und zwei Augen und der Schwanz hängt hintendran."

31. Rätsel

Gestumblindi sprach:

„Wer ist der eine,
der in der Asche schläft,
der aus Stein entspringt,
keinen Vater, keine Mutter hat:
aus Schall entstandene Glut,
und der dort als Gabe an Gott steht.
König Heidrek,
kannst Du's erraten?"

„Gut ist Dein Rätsel,
Gestumblindi,

doch gleich ist es erraten:
  Das ist das Herdfeuer in der Asche. Man holt es aus dem Flintstein."

Die Gabe an Gott ist das Feuer für die Tieropfer.

32. Rätsel

Gestumblindi sprach:

„Wer sind die freien Männer,
die zum Thing reiten,
sechzehn sind sie zusammen?
Sie senden Männer
übers Land,
um Siedlungsplatz zu suchen.
König Heidrek,
kannst Du es erraten?"

„Gut ist dein Rätsel,
Gestumblindi,
doch gleich ist es erraten:
  Das ist Itrek, der auch Odin genannt wird, und der Riese Andad beim Tafl-Spiel."

„Itrek" ist ursprünglich ein Name des ehemaligen Göttervaters Tyr gewesen und „Andad" ist ein Name des Loki. Beide führen einen endlosen Kampf um die Herrschaft, der die Jahreszeiten verursacht: gewinnt Tyr, herrscht 3 Monate lang Sommer; gewinnt Loki, herrscht neun Monate lang Winter. Eine der vielen Formen des Kampfes zwischen ihnen ist das Tafl-Spiel.

Ein Thing ist eine Gerichtsversammlung. Dieses Wort wurde auch als Heiti für „Kampf" benutzt – damit ist hier das Tafl-Spiel gemeint.

Die „Suche nach Siedlungsland" ist eine Umschreibung für das Vorrücken der weißen Spielsteine.

33. Rätsel

Gestumblindi sprach:

„Ich sah im Sommer,
als die Sonne sich senkte,
die viel-frohe
Gefolgschaft erwachen:
Jarle tranken
schweigend Ale,
doch brüllend stand
das Bierfaß da.
König Heidrek,
kannst Du es erraten?"

„Gut ist Dein Rätsel,
Gestumblindi,
doch gleich ist es erraten:
 Das sind die Ferkel einer Sau; sie quiekte dabei. Die Sau ist das Faß, die Ferkel die Edlen.

 Aber ich frage mich, was für Art Mann Du bist, daß Du aus so etwas Kleinem etwas so Großes machst."

 Und nun befahl der König heimlich, die Türen der Halle zu verriegeln.

 Ein Jarl ist ein Graf.

34. Rätsel

Gestumblindi sprach:

„Ich sah Mädchen,
sie waren wie Erde,
rauh war ihr Lager,
sie waren schwarz und dunkel
im Sonnenschein,
aber hell,

*wenn man nur wenig sieht.
König Heidrek,
kannst Du es erraten?"*

*„Gut ist Dein Rätsel,
Gestumblindi,
doch gleich ist es erraten:
  Das sind die glühenden Kohlen auf dem Herd."*

35. Rätsel

Gestumblindi sprach:

*„Ich saß auf einem Segel,
ich sah tote Männer
eine blutige Hülle tragen
in die Rinde eines Baumes.
König Heidrek,
kannst Du's erraten?"*

*„Gut ist Dein Rätsel,
Gestumblindi,
doch gleich ist es erraten:
   Du saßt auf einer Mauer und hast einen Habicht gesehen, der eine Eidergans auf die Klippe getragen hat."*

Dies ist eine spezielle Art des Rätsels, die ironisch „Allzuklar" genannt wurde.
  Bei dieser Rätselform ersetzte man mehrere Substantiv in dem ursprünglichen „Klartext" durch ein anderes Wort mit derselben Bedeutung, das jedoch noch eine zweite Bedeutung hatte oder zumindestens genauso klang.
  In diesem Rätsel benutzte man die folgenden drei „Wort-Verwandlungen":
     „segl" (Segel) => „veggr" (Segel), Zweitbedeutung: „Mauer"
     „daudir menn" (tote Männer) => „Valr" (Tote), Zweitbedeutung: „Habicht";
     „blodugt hold" (Blut-Loch) => „Ädr" (Ader), Zweitbedeutung: „Eider-Ente".
  Diese Art von Rätsel funktionierte natürlich dann am besten, wenn die Wort-Verwandlungen insgesamt wieder eine schlüssige Beschreibung einer anderen Szene ergaben.

36. Rätsel

Gestumblindi sprach:

„Wer sind die zwei,
die zehn Füße haben,
drei Augen
und einen Schwanz?
König Heidrek,
kannst Du's erraten?"

„Gut ist Dein Rätsel,
Gestumblindi,
doch gleich ist es erraten:
  Nun strengst Du Dich aber an und kommst mit uralten Wundern für mich an. Das ist Odin, der auf seinem Roß Sleipnir reitet. Es hat acht Beine, Odin hat zwei; sie haben zusammen drei Augen: Sleipnir zwei und Odin eins."

37. Rätsel

Gestumblindi sprach:

„Sage mir dies
als das allerletzte,
wenn Du der weistste aller Könige bist!
Was sagte Odin
dem Baldur ins Ohr,
ehe man ihn auf den Holzstoß hob?"

König Heidrek sprach: „Nur Du weißt das, Du Ungeheur!"

  Da ergriff Heidrek sein Schwert 'Tyr-Finger' und schlug nach Gestumblindi, aber Odin verwandelte sich in einen Habicht und flog aus dem Fenster der Halle hinaus. Der König jedoch schlug nach ihm und hackte seine Schwanzfedern ab – das ist der Grund, warum der Habicht bis heute solch kurze Schwanzfedern hat. Das Schwert jedoch schlug auf einen Mann aus des Königs Gefolge, der sofort starb.

  Odin sprach: „Dafür, König Heidrek, daß Du nach mir geschlagen hast und mich

töten wolltest, soll der niedrigste Deiner Sklaven Dein Mörder werden!"
  Und damit trennten sie sich.

Auf das Schwert „Tyr-Finger", das unter Zwang von zwei Zwergen geschmiedet und nach dem ehemaligen Schwertgott und Göttervater Tyr benannt worden war, haben diese beiden Zwerge den Fluch gelegt, daß jedesmal, wenn das Schwert gezogen wurde, ein Mensch sterben mußte. Dies ist der Grund, warum ein Gefolgsmann des Königs Heidrek durch dessen Schlag, der dem Odin galt, sterben mußte. Dies wird am Beginn der Heidrek-Saga beschrieben.

Odin ist der Schamanengott und nur die Schamenen kennen das Geheimnis der Jenseitsreise sowie die Worte, die sie den Toten bei deren letzer Reise ins Ohr flüstern, um die Seele der Toten sicher ins Jenseits zu leiten. Die Reise in das Jenseits ist das größte aller Geheimnisse und aller Rätsel ...

I 7. b) Vier anonyme Rätsel

Von diesen vier um ca. 1250 n.Chr. niedergeschriebenen Rätseln ist der Verfasser unbekannt. Sie ähneln vom Aufbau her den Heidrek-Rätseln. Die beiden ersten sind „klassische Achtzeiler", das dritte ist zwei Verse länger.n *Weide zu sitzen.*
  Als er zurückkam, frug der Bauer, warum er nicht länger fortgewesen sei.
  Der Knecht sagt: „Ich habe dort das gesehen, was ich gesehen habe."
  Der Bauer frug: „Was hast Du gesehen?"
  Er antwortete:

1. Rätsel

„Ich sah
viele Vögel fliegen:
Verlust des Lebens durch Elli
Ei-tote Männer,
Wunden, die den Augenblick abschnitten,
Kisten-Männer durch Dana:
die Dienst-Maid
mit der schweren Bahre."

Die Vögel könnten hier die Seelenvögel der Toten sein. Am Anfang des dritten Rätsels und der vierten Strophe ist „Vogel" einfach etwas, dem man unterwegs begegnet.
  „Elli" ist das hohe Alter. Mit ihr kämpft Thor in der Utgardloki-Mythe.
  „Dana" ist der als „Dienst-Maid" personifizierte Tod, d.h. die Göttin Hel.
  „Kisten-Mann" ist ein Wortspiel, da „budlungr" sowohl „Thruhen-Besitzer", d.h. „Schatz-Besitzer" bedeutet und eine beliebte Umschreibunn für „König" ist, aber auch weniger erfreulich „Mann in der Kiste", d.h. „Mann im Sarg" bedeuten kann – was hier der Fall ist: Auch Könige („budlungr") werden einst im Sarg liegen („budlungr").
  Die Lösung des Rätsels ist somit „Tod".

2. Rätsel

Die Sätze dieses Rätsels haben oft kein Verb. Zum besseren Verständnis sind die Verben, die sich aus dem Inhalt ergeben, ergänzt worden.

*"Und ich sah
etwas anderes fliegen:
Sie hissen Segel
und sehnen sich nach Schiffen,
nach Heer-Eisen;
die Seele kommt von Außen,
die Frau gibt dem Fleisch einen Namen,
wenn es von unten aus der Gebärmutter kommt."*

Das „andere" bedeutet hier das „zweite", was der Knecht gesehen hat. Das „Fliegende" könnten wieder die Seelenvögel sein, die hier aus dem Jenseits („Außen") zu dem Neugeborenen kommen.

Zeile 3, 4 und 5 beschreiben einen Mann, genauer gesagt einen Wikinger. Möglicherweise bezieht sich auch schon die erste Strophe auf die „Tod-bringenden Wikinger".

Ein „Heer-Eisen" ist eine eiserne Waffe – am ehesten ein Schwert.

Das „Fleisch" ist der Leib – das Wort wurde wohl vor allem wegen dem Stabreim gewählt.

Die Lösung dieses Rätsels ist das Gegenstück zu dem vorigen Rätsel: „Leben".

Der Knecht hat also von der Weide aus mordlustige Wikinger gesehen und ist deshalb zurückgekehrt.

3. Rätsel

Hier bedeutet „fliegen" wohl schlicht „ereignen".

*„Da sah ich
zum drittenmal etwas fliegen:
Seiden-Säume
und schwedische Männer,
Gunnlaugs Verhängnis
und Götter-Brennen;
eine hornlose Kuh*

und müßiges Gerede,
herumlungern ...
Rate, was sein Name ist!"

Falls mit „Gunnlaug" der Skalde „Gunnlaug Schlangenzunge" gemeint sein sollte, wäre sein „Verhängnis" ein Schwert, da Gunnlaug im Kampf mit einem Schwert erschlagen wurde.

Das „Götter-Brennen" könnten evtl. Opfergaben an die Götter sein.

Die Lösung könnte hier „reichgekleidete und bewaffnete Seeleute", also „Wikinger" sein, die am Strand oder im Hafen vor Anker liegen und handeln und erzählen.

4. Rätsel

Hier bedeutet „fliegen" wieder „ereignen".

„Zum vierten suchte ich
Vögel auf der Straße:
Ich traf einen Mann auf dem Weg,
der verkaufte dünne Meeres-Fische
zwischen Eisbrocken
– er hatte einen guten Fang gemacht –
auf einem breiten Brett,
dort stand ein Bierkrug;
er war arm und stank,
der Gote aus Gotland."

Vermutlich ist der „Gote aus Gotland" einer der Wikinger, der Fische verkauft – möglicherweise ist dies ein Spott über die Wikinger, die von ihren Raubfahrten in der Regel deutlich wertvolle Dinge als Fische mitbrachten. Das Eis könnte zum Kühlen der Fische gedient haben. Der „Fisch-Verkäufer" wird zu dem als arm, stinkend und als Trinker beschrieben.

Der Skalde, der diese Rätsel verfaßt hat, scheint die Lebensweise der Wikinger nicht sehr geschätzt zu haben ...

Auch in den Heidrek-Rätseln gab es eine Gruppe von vier „Vater-Rätseln". Möglicherweise hat es eine Tradition von Viergruppen von Rätseln, die sich auf dasselbe Thema beziehen, gegeben – aber das ist unsicher. Da die „4" die Zahl der Himmelsrichtungen und damit der Sonne ist, könnten diese Viergruppen von Rätseln zu den ehemaligen Sonnengott-Göttervater Tyr gehört haben, was zumindestens für die vier „Vater-Rätsel" zutrifft.

I 7. c) Syrpas Verse

In der „Saga über Bosi und Herraud" werden einige Zeilen aus dem Zauber-Lied „Syrpas Verse" zitiert. Sie scheinen inhaltlich zu „Buslas Zauberlied" zu gehören, das die zauberkundige Busla in derselben Saga vorher gesungen hat (siehe „Zaubersprüche" in Band 68).

Der Name „Syrpa" leitet sich von „syr" für „Sau" ab und bedeutet in etwa „Schmutzige", „Schlampe" u.ä.

Allerdings trägt auch Freya den Beinamen „Syr", also „Sau", weil sie sich im Jenseits bei der Wiederzeugung mit den Toten, die dort die Gestalt eines Keilers bzw. Ebers annehmen, in eine Bache bzw. Sau verwandelt.

Dieses Zauberlied könnte daher von Freya stammen, die bei den Germanen das Urbild aller Zauberinnen gewesen ist.

Busla spricht „Syrpas Verse", nachdem sie zuvor dem König mit einer sehr langen Liste von Unheil gedroht hat.

Da begann Busla mit dem Lied, das „Syrpas Verse" genannt wird und von der allergrößten Magie erfüllt ist und das man nicht nach Sonnenuntergang singen darf. Gegen Ende dieses Liedes heißt es:

„Sechs Sprecher kamen hierher,
sage mir ihre Namen!
Ich werde sie Dir alle
ungebunden zeigen,
wenn Du dies nicht so erraten kannst,
daß es mir richtig erscheint!
Dann werden an Dir Hunde
in der Hel nagen
und Deine Seele
wird in den Wassern versinken!

Löse dieses Rätsel auf die richtige Weise oder alles Übel, das ich gerufen habe, wird sich ereignen, wenn Du mir nicht zu Willen bist!"

„Sprecher": eine Heiti (poetische Umschreibung) für „Männer"

„Wasser": Das altnordische „Sökkvi" ist ein Begriff, der sich von einem Verb für „sinken" ableitet und oft für die Wasserunterwelt benutzt wird.

Am Ende des Manuskript folgen 6 Runenzeichen: Raidho, Ansuz, Thurisaz, Fehu, Algiz, Uruz. Dies könnten die „sechs Sprecher" in dem Rätsel sein.

Raidho = Ritt, Fahrt, Reise
Ansuz = Ase = Odin oder Tyr
Thurisaz = Thurse (Tyr) und Dorn = Schwert (Tyrs Schwert) = Tyr
Fehu = Vieh, Besitz
Algiz = Elch = Alcis (Pferde-Söhne des Tyr)
Uruz = Wasser, Stier

Wenn man diese sechs Runen kombiniert, kommt man auf die Jenseitsreise (Raidho) des Tyr (Ansuz Thurisaz) zusammen mit seinen beiden Alcis-Söhnen (Algiz) in die Wasserunterwelt (Uruz), bei der sich Tyr in einen Stier (Fehu, Uruz) verwandelt. Ob diese Deutung so zutrifft, ist allerdings unsicher, da die Runen allgemein viele Elemente aus den Tyr-Mythen enthalten.

Leider wird in der Saga weder das gesamte Lied bzw. Rätsel noch dessen Lösung mitgeteilt. Der Grund dafür wird möglicherweise etwas früher in dieser Saga berichtet:

An demselben Abend kam Busla in den Raum, in dem König Hring schlief und sang das Zauberlied, das seitdem „Buslas Zauberlied" heißt. Es ist seither weithin bekannt geworden und enthält viele üble Worte, die christliche Männer nicht in ihren Mund nehmen sollten.

Es wäre gut denkbar, daß auch „Syrpas Zauberlied" solche „üblen Worte" enthalten hat.
Der Bischof Adam von Bremen sagte um ca. 1075 n.Chr. über die Kult-Lieder der Germanen, daß sie Worte und Sätze enthalten, die ein Christ nicht aussprechen sollte.
Aus dem Rätsel läßt sich nur entnehmen, daß es um sechs Männer geht, die offenbar keiner gerne sieht – schließlich wird mit ihrem Anblick gedroht. Die Strafe für das Nicht-Erraten ist die Verbannung in die Hel bzw. das Versinken in den „Sökkvi"-Wassern der Ran, d.h. der Tod.
Die Zeit nach Sonnenuntergang ist die Nacht, die auch die Zeit des Jenseits und der Totengeistern war.
Diese sechs Männer stehen offenbar mit dem Jenseits im Zusammenhang und können den Tod bringen. Sie scheinen normalerweise „gebunden" zu sein und Busla droht damit, sie auf den König, wenn dieser ihr Rätsel nicht richtig löst oder eben nicht das tut, was sie von ihm verlangt, loszulassen.
Dieses Rätsel, das zunächst recht ähnlich klingt wie die Rätsel, die Gestumblindi/Odin dem König Heidrek stellt, scheint somit also eher ein angedrohter Fluch zu sein – ähnlich dem des Freyr-Priesters Skirnir, mit dem er die Gerdr dazu „überredet", Freyr zu heiraten.

I 7. d) Die Rätsel aus dem Exeter-Buch

Diese Buch wurde wahrscheinlich zwischen 960 und 990 n.Chr. verfaßt und wird das erste Mal erwähnt, als es von Leofric, dem ersten Bischof von Exeter in Südwestengland, der Kathedrale von Exeter geschenkt wurde.

Von seinen ursprünglich wahrscheinlich 131 Seiten fehlen 8 Seiten und einige Stellen sind unlesbar geworden, sodaß von den in diesem Buch u.a. enthaltenen ca. 100 Rätseln nur noch gut 90 Stück erhalten geblieben sind. Dies ist die größte zusammenhängende Gruppe von germanischen Rätseln.

Den Rätseln wurden keine Lösungen beigefügt, sodaß es jedem freigestellt ist, sich selber die Antwort zu suchen. Unter jedem dieser Rätsel finden sich (rückwärts geschrieben) einige der Antwort-Vorschläge aus der heutigen Zeit, die mehrfach die bereits genannte Doppeldeutigkeit enthalten, von denen die eine mögliche Antwort erotischer Natur ist.

Bei diesen Rätseln wird man auch von einem keltischen Einfluß ausgehen können, da vor den Angelsachsen die Kelten in England lebten und sich mit diesen auch kulturell vermischt haben werden. Eines der längsten und eindrucksvollsten „Rätsel" überhaupt ist die Wind-Beschwörung des Druiden-Barden Taliesin, der sehr viele Verse lang das schreckliche Ungeheuer beschreibt, das er herbeiruft und das erst nach und nach als ein Sturm erkennbar wird – es wird am Ende dieses Bandes wiedergegeben.

Insbesondere das mehrfach auftretende Motiv „Ich kenne ein Wesen, daß ..." erinnert stark an die Wind-Anrufung des Taliesin und könnte daher keltischen Ursprungs sein.

Da die Kelten und die Germanen Nachbarn waren und zudem nah verwandt sind und zusammen mit den Römern die westlichste Gruppe der Indogermanen bilden, haben sie viele mythologische und kulturelle Gemeinsamkeiten und könnten evtl. Völker-übergreifend gemeinsam das Rätsel-Spiel entwickelt haben.

Falls dies zutreffen sollte, könnten von den Kelten die komplexen Anrufungen, in der der Angerufene lange Zeit nicht mit Namen genannt wird, und von den Germanen die ausgiebige Verwendung von Kenningar die beiden wesentlichsten Wurzeln des Rätsels gewesen sein. Die Grundlage dieser beiden Wurzeln ist das Ordnen der Welt durch Gleichnisse und das daraus resultierende Beschreiben der Welt mit Hilfe von Bildern und Analogien.

1. Rätsel

Wer ist so geschickt / und scharfsinnig,
um zu erraten, / wer mich auf meiner Reise antreibt,
wenn ich aufsteige, / wütend, manchmal bedrohlich;
wenn ich laut brülle / und über das Land tobe,
manchmal Zerstörung bringe; / wenn ich Häuser verbrenne
und hohe Hallen niederreiße? / Rauch steigt auf,
und hängt dunkel über den Dächern. / Lärm ist auf der Erde,
plötzlicher Tod unter den Menschen. / Wenn ich die Wälder erschüttere,
die stolzen fruchttragenden Bäume, / dann fälle ich die Stämme.
Ich mit meinen Dach aus Wasser / werde, ich, ein Rächer,
von den Mächten dort oben / weite Wege gerieben.
Ich trage das auf meinem Rücken, / was einst die Gestalten
aller Erdbewohner / und ihre Leiber und Seelen gemeinsam
in den Wassern bedeckt hat. / Sag, was verbirgt mich,
oder wie werde ich, / der diese Last trägt, genannt?

(tulftniS eid fua gnuleipsnA .T.z ;dnaL rebü rennoD dnu ztilB ,negeR tim mrutS)

2. Rätsel

Manchmal tauche ich / durch die rollenden Wogen,
überrasche Männer, / tauche zur Erde,
zum Meeresboden. / Die Wasser branden heran,
… (Lücke) …, / Gischt wird emporgeworfen.
Das Heim der Wale brüllt / und tobt gar fürchterlich,
Wellen werfen Kiesel / auf den Strand; Steine
und Sand, Tang / und salzige Gischt, werden
gegen die Dünen geworfen, / wenn ich,
während ich mich tief unter den Wogen winde, / den Meeresboden aufwühle
und die weiten Tiefen des Meeres. / Doch ich kann nicht
mein Meeres-Bett verlassen, bevor der, / der auf jeder Reise mein Lenker ist,
es mir erlaubt. / Sage mir, weiser Mann:
Wer trennt mich / von der Umarmung der See,
wenn die Wasser / wieder ruhiger werden,
wenn die Wellen wieder stiller werden, / die mich zuvor bedeckt haben?

(mrutS nie)

3. Rätsel

Dieses Rätsel hat von seinem Aufbau und von seinen Bildern her sehr große Ähnlichkeit mit der Wind-Anrufung des keltischen Barden-Druiden Taliesin und ist möglicherweise eine Weiterentwicklung dieser Anrufung.

Manchmal bindet mich / mein Herr in der Enge;
dann zwängt er mich / unter die breite Brust,
des fruchtbaren Landes / – er hält mich dort,
sperrt mich in meiner ganzen Macht / in die Dunkelheit,
wirft mich in ein Loch, / in dem mein Wächter, die Erde
auf meinem Rücken sitzt. / Aus diesem Kerker
kann ich nicht ausbrechen, / aber ich lasse die Hallen der Helden
und ihre Giebel-Heime erzittern / und schüttle die Wände der Heime der Menschen;
hoch über ihren Häuptern. / Die Luft scheint still im Himmel droben
und das Gesicht des Meeres ruhig, / bis ich aus meinem Kerker ausbreche,
wenn mein Herr es mir gebietet / – der, der mir
zu Beginn meine Fesseln anlegte. / Ich kann niemals
von der Macht, / die mir meinen Weg weist, frei sein.
Manchmal peitsche ich / von oben herab die Wogen empor,
bewege das Wasser / und treibe die Flint-grauen Brandungswogen
an den Strand. / Wogenkämme voll Gischt brechen sich
an den Klippen, / an den dunklen Wänden, die über
das tiefe Wasser hinaufragen; / eine zweite Flutwelle,
eine dunkle Flut / folgt der ersten;
zusammen toben sie / gegen die steilen Felsen,
die steinige Küste. / Dann füllt sich das Schiff
mit den Rufen der Seeleute; / die Klippen ertragen schweigend
den Kampf / und die Wut des Meeres,
heranrollende Wogen, / rasende Brandungswellen,
die gegen Stein schlagen. / Das Kiel muß sich
einem harten Kampf stellen, / wenn das Meer ihn
mit all seinen Männern / in dieser schrecklichen Stunde emporhebt,
bis es außer Kontrolle ist / und seines Lebens beraubt
auf dem Rückgrat der Brecher / durch die Gischt reitet.
Dort sehen die Männer / den Schrecken,

... (Lücke) ... / *doch ich muß gehorchen;*
ich bin mächtig auf meinem Weg. / Wer könnte das beruhigen?
Manchmal rausche ich / durch die dunklen, feuchten Wolken,
die auf meinem Rücken reiten / und verstreue sie mit ihrem fließenden Wasser
in alle Richtungen. / Bisweilen erlaube ich ihnen,
sich wieder zu versammeln. / Groß ist der Lärm,
Gebrüll über den Häusern / und lautestes Krachen,
wenn Wolke mit Wolke / zusammenprallt,
wie Schneide gegen Schneide, / dann hallt
das Dröhnen der Zerstörung, / ein gewaltiger Klang,
über den Heimen der Menschen; / dunkle, eilende Gestalten
atmen Feuer / hoch über den Häuptern,
schleudern Blitze; / donnerndes Getöse
erschüttert den Himmel / und grollt dann mit tiefer Stimme.
Die Wolken bekämpfen einander; / dunkle Tropfen,
prasselnder Regen / fällt aus ihrem Schoß.
Eine Angst-Flut / wogt durch die Herzen der Menschen
eine wachsende Panik / – Festungen zerfallen
zu Furcht – / wenn dieses grausige Heer
wie Berserker dahintobt / und böse Geister umherstreifen,
Flammen spucken / und scharfe Pfeile schießen.
Nur ein Narr fürchtet sich nicht / vor den Todes-Speeren,
denn er wird / unweigerlich sterben,
wenn der Wahre Herrgott / den Pfeil fliegen läßt,
ein zischendes Geschoß, / geradewegs herab durch den Regen
von dem Wirbelsturm hoch droben. / Nur wenige
überleben, / wenn sie vom Blitz getroffen werden.
Ich bin der Ursprung / all dieses Kampfes,
wenn ich / durch das Zusammentreffen der Wolken stürme,
mit großer Kraft / vorwärtsdränge und
über das Antlitz der Wasser fliege. / Hoch droben
prallen Heere mit Getöse aufeinander; / danach
sinke ich unter dem Mantel der Nacht / zur Erde
und trage eine Last / auf meinem Rücken fort,
die wieder einmal von dem Herrgott / erneuert wurde.
Ich bin ein mächtiger Diener: / manchmal
kämpfe ich, manchmal verharre ich / unter der Erde;
bisweilen schieße ich hinab / und versinke im Wasser,
zu Zeiten peitsche ich / von oben aus Wogen herauf,
manchmal rühre / ich Unruhe auf

unter den dahinjagenden Wolken; / schnell und wild
reise ich weite Wege. / Sag mir meinen Namen,
und wer es ist, / der mich von meiner Ruhe aufstört,
oder der mich bindet, / wenn ich ruhig bleibe!

        (.nehesegna sedniW sed rehcasrureV sla nedruw eis – dnoM dnu ennoS)

4. Rätsel

Mit Ringen gebunden, / muß ich von Zeit zu Zeit
schnell meinem Diener / und Herrn gehorchen
meine Ruhe unterbrechen / und laut verkünden,
daß mein Wächter mir ein Band / um meinen Nacken gelegt hat.
Oft sind ein Mann oder eine Frau, / zu mir gekommen, um mich zu grüßen;
schwer vom Schlaf / und Winter-kalt antworte ich ihnen:
ihre Herzen waren unmutig: / „Eine warmes Glied
muß manchmal / den gebundenen Ring schlagen."
Trotzdem erfreut es / meinen Herrn, ein eher
stumpfsinniger Mann, / und mich ebenso,
wenn irgendjemand / etwas weiß und dann
mit Worten mein Rätsel / richtig raten kann.

        (ekcolG = egniR enednubeg ;gnartsnekcolG = dnaB-nekcaN)

5. Rätsel

Ich bin von Natur aus einsam, / von Eisen verletzt
und vom Schwert verwundet, / kampfesmüde.
Ich sehe oft das Gesicht des Krieges / und kämpfe
gegen verhaßte Feinde / ich habe keine Hoffnung,
daß mir jemand / in der Hitze des Kampfes zu Hilfe eilt,
bevor ich schließlich / getötet werde.
In der befestigten Stadt / werden scharf schneidende Schwerter
geschickt von Schmieden / in der Flamme geschmiedet,
die tief in mich beißen. / Ich kann nur auf
einen noch schrecklicheren Angriff warten; / ich brauche nicht

auf die Ärzte / in der Stadt zu warten,
die schwere Wunden / mit Wurzeln und Kräutern heilen.
Die Narben von den Wunden / klaffen weiter und weiter
und Todesschläge erleide ich / Tag und Nacht.

ᛡ

(„dlihcS" = "dlycs„ fua siewniH :„S" enuR-nennoS eid hcis tednifeb lestäR med retnU)

6. Rätsel

Über dem Rätsel ist die Sonnen-Rune mit dem Namen „sigel", „sowilo" oder „sol" abgebildet.

ᛡ

Christus der Befehlshaber, der wahre / Verleiher der Siege,
erschuf mich für den Streit. / Ich verbrenne die Lebenden,
ungezählte Sterbliche / überall auf der Erde.
Ich bereite ihnen Pein, / doch niemals berühre ich sie,
wenn mein Herr / mich zur Schlacht sendet.
Bisweilen erfreue ich / den Geist vieler Menschen;
manchmal beruhige ich die, / die ich bekämpfe,
selbst von ferne. / Dennoch fühlen sie es,
den Harm und die Heilung, / wenn ich dann und wann
bei tiefer Trübsal / ihr Schicksal aufhelle.

(.treiizossa ennoS red tim llereneg edruw sutsirhC; ennoS)

7. Rätsel

Stille ist mein Gewand, / wenn ich über die Erde schreite
oder in den Städten wohne / oder das Wasser bewege.
Bisweilen führen mich meine Wege / hoch empor über
die Heime der Helden / in die hohen Lüfte,
wo mich die Macht des Himmelsgewölbes / weit fort trägt
über die Menschheit hinweg. / Dann erklingt mein weißer Schmuck

in einem Lied, / und singt laut und klar
eine Melodie, / wenn ich nicht auf dem Land
oder auf dem Wasser ruhe / – ein dahinziehender Geist.

      (tsieG = legovneleeS = nawhcS nie)

8. Rätsel

Durch meinem Mund spreche ich / mit vielen Sprachen.
Geschickt singe ich / mit vielen Melodien,
laut und kräftig, / mit vielen Varianten.
Ich singe, wie ich will, / ungehindert, ungestört.
Ich bin seit alter Zeit / der Sänger der Nacht.
Ich bringe den Menschen Freude, / die in den Städten wohnen.
Wenn ich laut / meine vielfältigen Töne singe,
sitzen sie schweigend daheim. / Sag mir meinen Namen –
mich ahmen laut / die Berufs-Sänger nach
und ich verkünde laut / viele willkommene Botschaften.

      (5 elieZ - llagithcaN hcua .ltve ; retslE redo rehählehciE)

9. Rätsel

In jenen ersten Tagen / hielten mich mein Vater und meine Mutter
für tot und verließen mich: / damals war noch kein Leben,
kein Leben in mir. / Eine gutherzige Verwandte
bedeckte mich da / mit ihren eigenen Kleidern.
schützte mich und fütterte mich, / hielt mich warm –
genauso sanft / wie ihre eigenen Kinder.
bis ich unter ihr, / wie es mein Schicksal wollte,
im Leben heranwuchs / mit meinen nicht-verwandten Gefährten.
Mein Freund und Beschützer / nährte mich damals
bis ich heranwuchs / und fähig war, selber hinauszugehen.
Aus diesem Grund sind nun / ihre eigenen lieben Kinder,
Söhne und Töchter / oh wehe!, geringer an der Zahl.

(kcukcuK nie)

10. Rätsel

*Mein Schnabel war fest verschlossen / und die Bergflüsse des Meeres
strömten kalt unter mir dahin. / Dort wuchs ich im Meer,
mein Leib eng / an dem sich bewegenden Holz.
Ich lebte, / als ich aus dem Wasser hervorkam,
ganz in Schwarz gekleidet, / aber zu einem Teil weiß.
Als ich lebte, / trugen mich die Lüfte empor,
hob der Wind mich von den Wogen hinauf / und führte mich weite Wege
über das Bad der Robben hinweg. / Sag mir meinen Namen!*

(.neshcuwnareh neknalpsffihcS nednegeil ressaW retnu ned fua redo nemuäB neneknusegretnu
fua esnäG eseid ßad ,etbualg nam ;snagnegnawßieW redo -nennoN)

11. Rätsel

*Meine Kleidung ist dunkel. / Strahlenden Schmuck,
rot und leuchtend, / trage ich auf meiner Kleidung.
Ich führe die Törichten in die Irre / und ich verführe die Narren
zu sinnlosen Taten. / Andere halte ich
von nützlichen Taten ab. / Es berührt mich nicht,
daß sie – verrückt, / ihrer Vernunft beraubt,
fehlgeleitet in ihren Handlungen – / allen Menschen
meine hinterhältige Wirkung preisen. / Wehe ihnen,
wenn der Allerhöchste / uns seine wertvollste Gabe reicht,
wenn sie nicht zuvor / ihre Narrheit beenden!*

(?niewslhamdnebA : nelieZ netztel blahnieiewz eid ;tiehneknurT ;nieW)

12. Rätsel

*Ich laufe auf meinen Füßen, / ich breche die Erde auf,
die grünen Wiesen, / solange ich lebe.*

*Wenn das Leben mich verlassen hat, / fessle ich
den dunkelhäutigen Waliser / und manchmal auch bessere Männer.
Bisweilen spende ich einen Trank / einem starken Mann
aus meiner Brust. / Zu Zeiten tritt mich die vornehme Dame
unter ihren Füßen. / Das Mädchen aus Wales,
die dunkelhaarige Sklavin, / die von fern her gebracht wurde,
die dumme und trunkene, / erhebt und drückt mich manchmal
in dunklen Nächten / tränkt mich in Wasser,
wärmt mich bisweilen / freundlich am Feuer,
ihre liederlichen Hände / in meiner Brust vergraben,
rutsch sie sich hin und her / in der Dunkelheit.
Sag, was ist der Name von mir, / der ich lebend das Land
verwüste und tot / den Menschen zu Diensten bin!*

    *(gnuztesrebÜ red ni sla rehcıltued hcon lanigirO mi tsi gnuginiereV nelleuxes renie
gnubierhcsmU eid .2;
;nehuhcS dnu nehcuälhcsnieW von gnuginieR ;ehuhcS dnu ehcuälhcsnieW ,erünhcsredeL nnad
;sreitS nednegülfp senie lleF sad tsreuz :redeL :.1)*

13. Rätsel

*Ich sah sie alle zehn / über die Erde laufen:
die sechs Brüder / und ebenso ihre Schwestern –
lebendig und lebhaft. / Ihre Häute hingen gut zu sehen,
und für alle erkennbar / an der Wand des Hauses –
die von ihnen allen. / Keines von ihnen war schlechter als das andere,
keine ihre Seiten verwundet, / obwohl sie nun,
da sie ihrer Kleidung beraubt worden sind / durch die Macht
des Himmlischen Herrn / mit ihren Mündern
die grau-grünen Blätter rupfen müssen. / Ihre Kleidung wurde erneuert;
nachdem sie nun hervorgekommen sind, / haben sie das, was sie bedeckte,
hinter sich liegen gelassen / und laufen nun über die Erde.*

    *(nretsewhcS eid elakoV reiv eid ,redürB eid dnis netnanosnoK shces eid – "uneccic
net,, hcsishcäslegna fua tßieh "neküK nhez,, ;neküK)*

14. Rätsel

*Ich war einst ein bewaffneter Kämpfer. / Nun bedeckt mich
ein junger Haus-Mann stolz / mit verzwirnten Drähten,
mit Gold und Silber. / Manchmal küßt er mich.
Manchmal rufe ich / mit meinem Lied enge Freunde
zur Schlacht. / Manchmal trägt mich ein Roß
über die Grenze. / Manchmal trägt mich ein See-Roß
in meinem glänzenden Schmuck / über die Wogen.
Manchmal füllt eine Maid / meine Ring-geschmückte Brust.
Manchmal muß ich / hart und kopflos
und Kleid-los auf der Tafel liegen. / Manchmal hänge ich
mit stolzen Zierat / an der Wand über den trinkenden Männern.
Manchmal bin ich eine gute Waffe / und werde von Kriegern getragen,
die auf Rossen reiten, / und bin mit Schätzen gefüllt
und muß den Atem / der Brust eines Mannes atmen.
Manchmal rufe ich / mit meinem Lied stolze Krieger,
daß sie ihren Wein trinken. / Manchmal befreie ich
mit meiner Stimme die Beute / und schlage die Feinde in die Flucht.
Nun frage Dich nach meinem Namen! /*

(nrohlangiS-sgeirK .21 ,nrohlangiS .11 ,retläheB-ztahcS .01 ,nrohknirT-knurP .9 ,nrohknirT sereel .8 ,nrohknirT .7 ,seffihcS enies fpoknehcarD ma nroH .6 ,?tfahcstoB tim nroH .5 ,nrohlangiS .4 ,nrohknirT .3 ,nrohknirT-knurP .2 ,rietS fua .1 :nroH)

15. Rätsel

*Mein Nacken ist weiß, / mein Kopf ist dunkelbraun
und auch meine Seiten. / Ich bin schnell in meinem Lauf.
Ich trage Waffen des Krieges. / Auf meinem Rücken wachsen Haare
und ebenso auf meinen Wangen. / Über meinen Augen
stehen zwei Ohren empor. / Ich gehe auf meinen Zehen
in dem grünen Gras. / Mein Schicksal ist gewiß,
wenn mich irgendjemand findet, / wenn mich ein kampfbegieriger Krieger
dort versteckt findet, / wo ich mein stolzes Heim habe
zusammen mit meinen Kindern. / Dort lebe ich
mit meiner kleiner Familie, / wenn der Fremde
meiner Tür naht: / Sie bringen den Tod.*

Ich muß sie forttragen, / sie durch die Flucht retten,
mit Furcht in meinem Herzen, / fort von daheim.
Wenn er mich hart bedrängt, / auf seinem Bauch kriechend,
wage ich es nicht, / in meinem Hügel zu bleiben
(das wäre sicherlich / kein guter Rat),
sondern muß tapfer / sowohl mit Händen und als auch mit Füßen
einen neuen Pfad / durch den Hügel graben.
Ich kann sie leicht retten, / meine geliebte Sippe,
wenn ich meine Familie / auf einem geheimen Weg
durch den Hügel bringen kann, / denn dann brauche ich
den mordlustigen Welpen / nicht mehr im geringsten zu fürchten.
Wenn der verhaßte Feind / mir nah auf den Fersen
durch den engen Gang folgt, / wird es ihm nicht
an Schlachtenlärm mangeln, / wenn er mich in dem Hügel trifft,
wenn ich auf die Spitze des Hügels gelange / und mich dem
mit meinen Kriegs-Waffen stelle, / vor dem ich zuvor floh.

(driw nehcilgrev sebarglegüH esnie gnurednülP red dgaJ eid hcrudow„barglegüH„ rüf troW
sad tsi „legüH„ rüf troW sad ;dnuhdgaJ = dnieF ;enhäZ dnu nellarK = neffaW ;shcaD)

16. Rätsel

Ich muß oft mit den Wogen kämpfen / und gegen den Wind streiten,
gegen beide in die Schlacht ziehen, / wenn ich den Grund erreiche,
der von Wasser bedeckt ist. / Dieses Land ist mir fremd.
Wenn ich stark im Kampf bin, / bleibe ich an meinem Ort.
Wenn ich darin versage, / sind sie stärker als ich
und sie zerren mich fort / und schlagen mich in die Flucht.
Dann tragen sie das fort, / was ich verteidigen sollte.
Aber ich widerstehe ihnen, / wenn meine Flossen nicht schwach werden
und die Steine mich festhalten. / Rate, was mein Name ist!

(reknA nie)

17. Rätsel

ᛒ

Ich beschütze meinen Herd, / meinen Hort und mein Heim,
von Seilen umgeben / und innen mit
vorzüglichen Schätzen gefüllt. / Am Tage
spucke ich oft / schreckliche Speere umher.
Mein Wirkung ist umso größer, / je mehr ich gefüllt werde.
Mein Meister sieht, / wie die Spitzen aus mir herausfliegen.
Manchmal schlucke ich / die dunklen Waffen,
die vergifteten Dornen. / Mein Inneres ist gut,
ist den Recken kostbar: / der Hort, den ich enthalte.
Viele erinnern sich an das, / was aus meinem Mund herauskommt.

(atsillaB :gnusöL ;ereepS = essohcseG = nenroD; ("reepS„ = "troW„,) einorI ebred etbeileb
os nenamreG ned ieb eid tlähtne eileZ etztel eid ;negnusöL etreinibmok iewz tah letsäR sad -
("reduelhcsreepS„)"atsilla*b*„ dnu ("tdatS„,) "gru*b*„ rüf stets "B„, enuR eid)

.

18. Rätsel

Ich bin ein wundervolles Ding, / aber ich kann kein Wort sagen
oder zu den Menschen sprechen / obwohl ich einen Mund habe,
einen dicken Bauch, / (hier hat der Schreiber einen Halbvers nicht abgeschrieben)
Ich war auf einem Schiff / zusammen mit anderen von meiner Sippe.

(ßaF nie)

19. Rätsel

Ich sah ... (kleine Lücke) ... / beherztes DERFP, mit glänzendem Haupt;
Rasch lief es / über das anmutige Land;
auf seinem Rücken trug es / kriegerische Stärke.
NNAM / ohne Brünne.
EGEW / trug es ihn in die Ferne.
wegen des kühner NEKLAF / war der Ritt

dieser beiden noch erfreulicher. / Sag an, wie ich genannt werde!

(tbeileb thcer neshcaslegnA ned ieb raw netroW nov gnubierhcssträwkcüR eid; dgajneklaF rehcilhörf fua drefP fua nnaM retenffaweb)

20. Rätsel

*Ich bin ein wunderliches Ding, / für den Kampf geformt,
schön gekleidet / und meinem Herrn sehr teuer.
Bunt bemalt ist meine Brünne, / der leuchtende Draht, den mein Träger,
der mich lenkt, mir gab, / umarmt meinen Todes-Edelstein,
der manchmal meine Wanderungen / zum Streit lenkt.
Dann bringe ich Schätze heim / am strahlenden Tag:
Werkstücke der Schmiede, / Gold für die Hallen.
Ich töte oft / die lebenden Krieger
mit Waffen des Krieges. / Ein König schmückt mich
mit Juwelen und Silber / und gibt mir Ehre in der Halle,
hält nicht mit Lob zurück / verkündet öffentlich
meine großen Taten vor den Männern, / wenn sie ihren Met trinken;
manchmal hält er mich zurück / oder läßt mich frei,
wenn er kampfmüde ist. / Ich habe oft einen anderen
durch die Hand eines Freundes verletzt. / Ich weit nah und fern gehaßt,
von den Waffen bin ich die, die verflucht ist. / Ich brauche nicht darauf zu hoffen,
daß mich ein Sohn rächen wird / und meinem Mörder das Leben nimmt,
falls jemals ein Feind / mich im Kampf angreift;
und meine Verwandtschaft wird nicht anwachsen, / die Sippe, der ich entsprang –
sofern ich nicht meines Herrn beraubt / einen neuen finde
und mich von dem Besitze fortwende, / der mich als erster belohnt hat.
Ab dann ist mir bestimmt, / wenn ich einem neuen Herrn folge,
für ihn Schlachten zu schlagen, / wie für den anderen,
zum Vergnügen meines Fürsten, / und auf den Reichtum von Kindern
zu verzichten / und keine Frau zu kennen;
denn der, der mich einst / als Sklave hielt,
hat mir diesen Segen verweigert. / Daher muß ich
einsam und allein / den Reichtum der Helden genießen.
Oftmals bin ich ein Narr in meinem Schmuck / und erzürne eine Frau,
vermindere ihr Verlangen; / ihre Zunge beschimpft mich;
sie schlägt mich mit ihren Händen, / tadelt mich mit Worten,*

singt einen Fluch. / Ich kann diesen Streit nicht leiden ...

(treizifinosrep slestäR sed etfläH red .ac ba driw se ;trewhcS)

21. Rätsel

*Ich halte meine Schnauze am Boden; ich grabe
tief in der Erde und wühle sie beim Gehen auf,
von dem grauen Feind des Waldes geführt
und von meinem Herrn, meinem gebeugten Besitzer,
der hinter mir geht; er treibt mich
über das Feld, hält mich aufrecht und schiebt mich,
läuft in meinem Kielwasser. Aus dem Wald geholt,
auf einem Wagen gefahren, dann geschickt gebunden,
reise ich dahin; ich habe viele Narben.
Auf der einen Seite ist es grün, wohin ich auch immer gehen mag,
auf der anderen Seite meiner Spur – ist es unverkennbar: schwarz.
Eine scharfe Waffe, durch meine Rückenwirbel gerammt,
hängt unter mir; eine weitere auf meinem Haupt,
fest und nach vorne weisend, sie hängt auf einer Seite herab,
sodaß ich mit meinen Zähnen in die Erde beißen kann,
wenn mein Herr hinter mit mir auf rechte Weise dient.*

(.hcilnhöwegnu rhes tsi gnubierhcsmU eseid reba ,nies reitS nie etnnök 'sedlaW des dnieF' red; gulfP niE)

22. Rätsel

*Sechzig Mann kamen gemeinsam
und ritten hinab zur Flußmündung.
Elf von diesen berittenen Männern hatten Friedens-Pferde
und vier hatten hellgraue Rosse.
Der Krieger konnte das Wasser nicht überqueren
wie sie wollten, denn der Kanal war zu tief,
das Ufer zu steil, die Strömung zu stark,
die hohen Wellen zu heftig.*

Da stiegen die Männer und die Rosse auf einen Wagen –
Ein Zugtier hob diese stolzen Speer-Krieger mitsamt ihren Rossen,
zogen den Wagen ganz hinab zur Mündung,
obwohl kein Stier, kein Zugpferd, keine muskulösen Männer
es mit ihm zogen; und es schwamm nicht
und es watete nicht wegen dem Gewicht der Gäste,
es stafte auch nicht durchs Wasser und ritt auch nicht auf dem Weg
und kehrte auch nicht den Weg zurück, sondern es trug
die Krieger und ihre Rosse über den Bach,
von dem steilen Ufer aus, vom Kai aus,
sodaß sie wohlbehalten an der anderen Seite ankamen:
die Männer und die Rosse vom Wasser unbeschädigt.

(;rebmezeD mi egatreieF 7 ;rebmezeD mi egatnnoS 4 = edrefP eßiew 4 ;7+4 = 11 ;rebmezeD = egatblaH 06 ;rhajueN = refU segitiesnej ;retsevlyS = refU segitieseid)

23. Rätsel

NEGOB ist mein Name, wenn Du es recht begreifst;
Ich bin ein schönes Geschöpft, daß für den Kampf erschaffen wurde.
Wenn ich mich biege und meinen tödlichen Stab
aus meinem Bauch heraus schieße, will ich nur
dieses Gift so weit wie möglich senden.
Wenn mein Herr, der diese Folter für mich ersonnen hat,
meine Glieder löst, werde ich länger
und spucke, auf Schlachten gerichtet,
mein tödliches Gift, das ich zuvor geschluckt habe.
Kein Mann trennt sich leicht von dem Ding,
daß ich beschrieben habe; wenn er von dem getroffen wird,
was aus meinem Magen herausfliegt, bezahlt er für sein Gift
mit seiner Stärke – schnelle Sühne für sein Leben.
Ich diene keinem Herrn, wenn ich ungebunden bin – nur wenn
ich geschickt gefesselt bin. Nun rate meinen Namen!

(nedrow nebeirhcseg mureh hcslaf tsi dnu gnafnA ma thets trowsgnusöL sad ;negoB nie)

24. Rätsel

Ich bin ein seltsames Wesen mit verschiedenen Stimmen:
Ich kann bellen wie ein Hund, meckern wie eine Ziege,
schnattern wie eine Gans, schreie wie ein Habicht,
manchmal ahme ich den aschfarbenen Adler nach:
den Ruf des Schlachten-Vogels; das Krächzen des Geiers
kommt von meiner Zunge, und der Ruf der Seemöwe,
während ich hier naseweis sitze. 'G' schlägt meinen Namen vor,
und 'A', 'R' und 'O' helfen dabei, ebenso H und I,
Nun hast Du meinen Namen, den diese sechs Buchstaben deutlich zeigen.

Die sechs Buchstaben sind in Runen statt in lateinischen Buchstaben geschrieben und ergeben die Folge GAROHI, was sich zu dem angelsächsischen Lösungswort HIGORA umstellen läßt.

(rehählehciE red redo retslE eid)

25. Rätsel

Ich bin ein seltsames Wesen, denn ich befriedige die Frauen:
ein Dienst an den Nachbarn! Meine Hände fügen niemandem
ein Leid zu außer meinem Mörder.
Ich werde hoch und aufrecht im Bett
und unten haarig. Von Zeit zu Zeit kommt eine
gutaussehende Maid, die beherzte Tochter
irgendeines Grobians wagt es, mich zu halten,
ergreift meine rotbraune Haut, reibt mein Haupt
und legt mich in die Speisekammer. Sofort erinnert sich
die Maid mit dem geflochtenen Haar, die mich gedrückt hat,
an unser Treffen. Ihre Augen werden feucht.

(lebeiwZ enie)

26. Rätsel

Ein Feind beendete mein Leben
und nahm mir meine Leibeskraft;
dann tunkte er mich in Wasser und zog mich wieder heraus,
legte mich in die Sonne, wo ich schon bald
all meine Haare verlor. Des Messers scharfe Schneide
drang in mich, nachdem meine Makel abgeschabt worden waren;
Finger falteten mich und die Feder des Vogels
bewegte sich oft über meine braune Oberfläche,
träufelte nützliche Tropfen; Er verschlang die Holz-Farbe
(ein Teil des Stromes) und wanderte wieder über mich
und hinterließ schwarze Spuren. Dann band mich ein Mann,
er breitete Leder über mir aus und schmückte mich
mit Gold. So wurde ich durch die wunderbaren Werke
der Schmiede bereichert und mit leuchtendem Metall umwunden.
Nun bringen mein Verschluß und meine rote Farbe
und diese prächtigen Verzierungen dem Beschützer der Menschen
Ruhm fern und nah und nicht die Qualen der Hölle.
Wenn die Söhne der Menschen mich nutzen würden,
wären sie sicherer und des Sieges sicherer,
ihre Herzen wären kühner und ihr Geist entspannter,
ihre Gedanken weiser; sie hätten mehr Freunde,
Gefährten und Verwandte (wahre und ehrbare,
mutige und freundliche), die sehr gerne
ihre Ehre und ihren Wohlstand vermehren
und Gutes anhäufen und sie mit der Liebe Umarmung
festhalten würden. Frage, wie ich genannt werde,
ich, der ich von solchem Nutzen für die Menschen bin.
Mein Name ist berühmt, den Menschen hilfreich und in sich schon heilig.

(lebiB ,hcuB)

27. Rätsel

Ich bin bei den Menschen beliebt und man findet mich weit und breit;
ich werde von den Wäldern genommen und von den Höhen der Städte,
von der Höhe und von der Tiefe. An jedem Tag

*brachten mich Bienen unter dem hellen Himmel
geschickt heim zu einem geschützten Ort. Bald danach
wurde ich von Männern ergriffen und in einer Wanne gebadet.
Nun verblende ich sie und züchtige ich sie und werfe
einen jungen Mann sofort zu Boden
und manchmal auch einen alten.
Der, der gegen meine Stärke kämpft,
der es wagt, mit mir zu streiten, erkennt sofort,
daß er mit seinem Rücken auf den harten Boden schlagen wird,
wenn er bei solcher Dummheit bleibt.
Er verliert seine Kraft und wird seltsam redselig:
Er wird zum Narren, der weder seinen Geist beherrschen kann
noch seine Hände oder seine Füße.
Nun ratet, meine Freunde,
wer schlägt junge Männer zu Narren
und fesselt sie als seine Sklaven
am helllichten Tag? Erratet meinen Namen!*

(teM)

28. Rätsel

*Ein Teil der Erde ist schön gesät
mit den härtesten und den schärfsten,
den bittersten Dingen des Besitzes der Menschen geschmückt;
sie werden geschnitten, gedroschen, gequetscht, getrocknet,
gequetscht, geseiht, gerieben, gegoren,
bedeckt, geharkt und fortgetragen
zu den Türen der Menschen. Ein schneller Genuß
liegt in diesem Schatz, bleibt dort und dauert
für die Menschen, die aus ihrer Erfahrung heraus
ihren Neigungen frönen und sich nicht gegen sie wehren;
bis es schließlich nach dem Tod hemmungslos zu schwatzen
und zu tratschen beginnt. Selbst kluge Leute
müssen gut nachdenken, um zu erkennen, welch ein Wesen dies ist.*

Dieses Rätsel enthält einige sehr fröhlich klingende Reime, die der Lösung dieses Rätsels angemessen sind:

mid þy heardestan   /   and mid þy scearpestan ...
Corfen, sworfen,   /   cyrred þyrred,
bunden, wunden,   /   blæced, wæced ...
cwicra wihta.   /   Clengeð, lengeð ...

      (reibzlaM)

29. Rätsel

Ich sah ein seltsames Wesen,
ein Gefäß des Lichts, fein verziert,
daß seinen Raub zwischen seinen Hörnern forttrug
und ihn von einem Überfall heimbrachte.
Sie wollte in der Festung ein Frauenhaus erbauen
und es mit all ihrem Geschick errichten.
Da kam ein mächtiges Geschöpf über die Berge
– sein Antlitz ist allen Erd-Bewohnern bekannt –
er ergriff den Schatz und sandte die Wanderin
gegen ihren Willen heim; sie ging nach Westen,
schwor Rache, eilte fort.
Staub stieg zum Himmel auf, Tau fiel von ihm herab:
da floh die Nacht; und niemand wußte danach,
wohin das Geschöpf gegangen war.

      (lehcisdnoM = renröH ;ennoS dnu dnoM)

30. Rätsel

Ich bin eine lebhafte Flamme, ich bewege mich mit dem Wind,
ich bin mit Prunk geschmückt und ich bin der große Freund des Sturmes,
bereit zur Reise, aber in Sorge wegen dem Feuer,
eine Lichtung in voller Blüte und eine brennende Flamme;
Freunde reichen mich oft von Hand zu Hand weiter,
und ich werde von Damen und Edelmännern geküßt.
Wenn ich mich erhebe, verbeugen sich

viele Leute vor mir; ich lasse
ihr Glück zu voller Reife gelangen.

(?tsieG regilieH = reueF ;zloH sua xifizurC nie)

31. Rätsel

Diese Welt ist in vielfacher Weise geschmückt,
verziert mit wertvollen Ornamenten.
Ich sah ein wundersames Ding in einem Haus singen;
nichts auf der Erde sah auch nur entfernt
wie dieses Wesen aus – seine Gestalt war derart seltsam ...
Ihr Schnabel wies nach oben, ihre Füße
und Krallen waren die eines Vogels,
doch kann sie nicht fliegen und sich nicht einmal viel bewegen,
obwohl sie eifrig ihre Arbeit beginnt,
ihre regelmäßigen Aufgaben; oft, immer wieder
geht sie ihre Runden bei den Versammlungen der Männer,
sie sitzt auf dem Fest und wartet, daß sie an der Reihe ist
– bald wird es soweit sein – um ihren Heldenmut zu beweisen
in der Halle der Sechzehn. Doch dort wird dieses Wesen
niemals an den Dingen teilnehmen, die die Menschen fröhlich machen.
Wagemutig, begierig nach Ruhm, bleibt sie doch taub;
und doch hat sie in ihrem Fuß eine feine Stimme,
die glorreichen Gabe des Gesangs. Es ist so seltsame,
daß dieses Wesen nur mit ihrem reich verzierten,
herabhängenden Fuß einen Sinn ergibt.
Wenn sie ihren Schatz festhält, stolz auf ihre Ringe,
doch nackt, trägt sie ihre Brüder auf ihrem Nacken
– eine mächtige Sippen-Frau. Selbst ein geschickter Dichter
wird es nicht leicht haben, dieses Wesen beim Namen zu nennen.

(glabesalB = ztahcS ;nefiefP = nellarK; kcütsdnuM = lebanhcS :kcasleduD nie)

32. Rätsel

Diese Welt ist in vielfacher Weise geschmückt,
verziert mit wertvollen Ornamenten.
Ich sah eine seltsame Vorrichtung, einen schmucken Reisenden,
der gegen den Kies mahlte und sich schreiend bewegte.
Das Wesen konnte nicht sehen; es hatte
keine Schultern, Arme oder Hände; dieses Ungetüm
mußte auf einem Fuß laufen und weit
über Salzfelder reisen. Es hatte viele Rippen
und in der Mitte ein Maul und ist den Menschen nützlich.
Es trägt Speisen in Fülle, vollbringt gute Dienste,
jedes Jahr bringt es den Menschen ein Geschenk,
das von Arm und Reich genutzt wird. Sag mir, wenn Du es vermagst,
o Mann der weisen Worte, was dies Wesen ist!

(leiK = ßuF nie ;ffihcS nie)

33. Rätsel

Ein seltsames Wesen kam über die Wogen geschwommen,
stattlich vom Kiel aufwärts. Es rief zum Land hinüber,
laut hallte es wider; sein Gelächter war schrecklich
und weckte in allen Furcht; ihre Schneiden waren scharf.
Es war abscheulich und es war Kampf-müde,
bitter in feindlichen Taten; es drang in Schild-Wälle,
hart, verheerend. Es verbreitete üble Zaubersprüche.
Es sprach mit großem Geschick über seine Erschaffung:
„Die liebste aller Frauen ist mir meine Mutter;
sie ist meine Tochter, groß geworden und stark."
Die Männer der alten Zeit wußten, daß sie unter allen Menschen
und überall auf der Welt in voller Schönheit dastehen wird.

(siE dnu ressaW = rethcoT dnu rettuM ;seffihcS senie dnawdroB = llawdlihcS ;grebsiE nie)

34. Rätsel

In der Stadt sah ich ein Geschöpf,
das das Vieh fütterte. Es hat viele Zähne;
sein Schnabel ist nützlich, da er nach unten weist,
sanft plündert und sich heimwendet;
es sucht nach Pflanzen an den Hängen
und findet immer die, die nicht fest verwurzelt sind.
Es läßt die leben, die von ihren Wurzeln fest gehalten werden
und dort still stehen, wo sie aus dem Boden gesprossen sind
und hell strahlen, blühen und wachsen.

(lebagtsiM enie ,nehceR nie ,ekraH enie)

35. Rätsel

Die dunkle Erde, die wunderlich kalte,
gebar mich am Anfang aus ihrem Schoß.
Ich weiß gewiß, daß ich nicht aus Wolle erschaffen
und nicht geschickt aus Fellen genäht wurde.
Weder Kette noch Schuß wanden sich um mich,
kein Faden läuft für mich in dem stampfenden Webstuhl,
und kein Schiffchen rattert für mich,
und die Gerte des Webers schlägt und peinigt mich nicht.
Seidenraupen spinnen nicht mit ihrer wunderlichen Fähigkeit für mich
– diese seltsamen Wesen, die goldene Stoffe besticken.
Dennoch werden die Männer überall auf dieser Erde bestätigen,
daß ich eine vorzügliche Kleidung bin.
Oh, weise Männer, wägt eure Worte gut,
und sagt, was mag dies für ein Ding sein?

(dmehnetteK nie)

36. Rätsel

Ich sah ein Geschöpf: Sein Bauch wölbte sich hinter ihm
– riesig angeschwollen. Ein starker Knecht
bediente es. Das, was seinen Bauch füllte,
war von weit her gekommen und ist durch sein Auge geflogen.
Es stirbt nicht immer, wenn es anderen Leben gibt,
denn neue Kraft entsteht in der Tiefe seines Magens:
es atmet wieder.
Er ist Vater eines Sohnes; er ist sein eigener Vater.

(„anigaV" gnutuedebtiewZ (etgithcisbaeb) eid se bag nehcsilgnetlA mi ;snesalB sed sumhtyhR :nhoS/retaV ;glabesalB)

37. Rätsel

Ich sah ein Geschöpf: es trug Waffen, war gierig,
mit der ganzen Hemmungslosigkeit der Jugend.
Wie es ihm zusteht, gab ihm sein Wächter vier Quellen,
vier Brunnen – sprudelnd und glitzernd.
Ein Mann sprach und er sagte zu mir:
„Lebend zerbricht dieses Wesen die Ebenen;
tot und zermahlen bindet er die Lebenden."

(renröH = neffaW ;blaK-reitS nie)

38. Rätsel

In den Büchern steht, daß es dieses Geschöpf
inmitten der Menschen gibt und daß es von allen gesehen wird,
wenn die Jahreszeiten wechseln. Es hat eine besondere Macht,
die größer ist, als es die Menschen erkennen.
Sein Verlangen ist es, alle lebenden Wesen zu finden,
eins nach dem anderen; danach geht es seiner Wege.
Es verbringt niemals zwei Nächte am selben Ort,
sondern folgt heimatlos für immer den Pfaden
der Verbannung – die Mittagszeit verabscheut es deswegen.

*Es hat weder Hand noch Fuß und es hinterläßt
niemals eine Spur auf der Erde; es hat keine Augen,
keinen Mund, es spricht nicht zu den Menschen,
es hat kein Hirn. Aber in den Büchern steht,
daß dies das schnellste Wesen ist,
das jemals unter allen Arten empfangen worden ist.
Es hat keine Seele und kein Leben, aber es muß
durch alle Weiten dieses wundersamen Midgart wandern.
Es ist nie in den Himmel gelangt und nie in die Hölle,
aber muß ewig existieren, so wie es die Gesetze
nach Gottes Beschluß bestimmen. Es würde sehr lange dauern,
zu erzählen, wie sein Leben fortdauert und
wie es des Schicksals verworrenen Fäden folgt
– dies ist eine Geschichte voller Wunder.
Ein jedes Wort, das dieses Wesen beschreibt, ist wahr;
es hat keine Nachkommen und es lebt trotzdem.
Wenn Du schnell und richtig antworten kannst,
dann sage, wie ich genannt werde!*

(doT retreizifinosrep :3 gnusöL ;gaT :2 gnusöL ;dnoM :1 gnusöL)

39. Rätsel

Das folgende Rätsel ist weitestgehend eine Übersetzung eines lateinisch verfaßten Rätsels des englischen Abtes St. Aldhelm von Sherborne, der von 639-710 n.Chr. lebte. In der Version aus dem Exeter-Buch sind die meisten Anspielungen auf die griechisch-römischen Götter fortgelassen worden.

Dieses Rätsel ist ganz im dem Stil der Gerdr-Verwünschung des Freyr-Priesters Skirnir und der Sturm-Beschwörung des Barden-Druiden Taliesin verfaßt worden. St. Aldhelm könnte über die germanischen Angelsachsen und über die keltischen Barden beide Traditionen gekannt haben.

*Immerwährend ist der Schöpfer, Er, der nun diese Erde
auf ihren Fundamenten lenkt und die Welt beherrscht.
Machtvoll ist der Herr, der gerechte König
und Bestimmer aller Dinge; Er befiehlt und führt
Erde und Himmel und sie werden von Ihm umfangen.
Er erschuf mich – O Wunder! – am Anfang,*

als Er zuerst den Erdkreis erschuf;
Er bestimmte, daß ich ewig wachen
und niemals wieder schlafen soll – und plötzlich übermannte mich
der Schlaf und schnell schlossen sich meine Augen.
Durch seine Macht beherrscht der mächtige Schöpfer
dieses Midgart in jeder Hinsicht;
sodaß ich mit der Erlaubnis meines Herrn
Den gesamten Erdkreis umarme.
Ich bin so schüchtern, daß ein vorüberschwebender Geist
mich fürchterlich erschrecken kann; und ich bin von einem
zum andern Ende hin kühner als ein wilder Keiler,
der sprühend vor Wut kampfbereit ist.
Kein Krieger auf der Erde kann mich bezwingen
– nur Gott, der diesen hohen Himmel
beherrscht und lenkt. Mein Duft
ist viel edler als Weihrauch und Rose,
... ... (unlesbar) ... ... in den Wiesen
– ein Genuß! – aber ich bin noch viel zarter ...
Auch wenn die Menschen die Lilie auf dem Feld
mit ihrer leuchtenden Blüte lieben, bin ich doch noch edler;
so ist es auch mit meiner Süße, immer und überall:
ich übertreffe das Aroma von Narden-Öl;
und ich bin stinkender als dieser matschige Sumpf,
der hier dahinfault und nach Unrat stinkt.
Ich beherrsche alles und jedes unter dem
Himmelskreis, denn am Anfang hat der geliebte Vater
auferlegt, zu Dick und Dünn gerecht zu sein.
Ich nehme überall die Gestalt und den Gehalt aller Dinge an.
Ich bin höher als der Himmel und der Hohe König
gebietet mir, sein geheimes Wesen zu schauen.
Ich sehe ebenso alle Dinge unter der Welt,
die schreckliche Verliese der verbannten Geister.
Ich bin viel älter als der Erdkreis
oder als dieses Midgart jemals sein wird
und ich wurde erst gestern geboren – ein Baby
aus dem Bauch meiner Mutter, von den Menschen freudig begrüßt.
Ich bin schöner als Schmuck aus Gold,
selbst schöner als die filigranen Verzierungen an ihm.
Ich bin häßlicher als das faulige Holz
oder als dieses Büschel Seegras, das hier angespült worden ist.

Ich bin breiter als die ganze Erde
und weiter als diese grüne Welt.
Eine Hand kann mich umfassen, und alles, was ich bin,
kann leicht zwischen drei Fingern gehalten werden.
Ich bin rauher und beißender als der härteste Frost,
der eisige Rauhreif, der sich auf den Schollen niederläßt.
Ich bin heißer als das Feuer, als die Flammen,
die in der Schmiede des Vulkan flackern und lodern.
Ich bin auch für den Gaumen süßer
als eine mit Honig gefüllte Bienenwabe.
Ich bin auch bitterer als Wermut,
der Asche-farben auf dem Hang des Hügels steht.
Ich kann gieriger als ein alter Riese schlingen,
und alles in einem Freß-Wettstreit übertreffen,
und ich kann vollkommen zufrieden leben,
wenn ich in meinem ganzen Leben niemals Speisen sehe.
Ich kann schneller fliegen als es der Phönix,
der Habicht oder der Adler jemals könnten,
und selbst Zephir – dieser ruhelose Wind – kommt nicht
soweit herum wie ich: ich wehe durch alle Gefilde.
Die Schnecke ist schneller als ich, der Regenwurm geschwinder
und der Sumpf-Frosch überholt mich,
der Sohn des Mists (wir nennen ihn Rüsselkäfer)
rennt schneller umher als ich.
Ich wiege weit mehr als ein grauer Felsen
oder ein Brocken Blei; Ich bin viel leichter
als dieser kleine Käfer, der trockenen Fußes
über die Oberfläche des Wassers läuft.
Ich bin härter als der Flint, der diese Funken
aus diesem harten Stück Stahl schlägt;
Ich bin viel weicher als diese Daunenfeder,
die hier im Wind hoch in die Lüfte fliegt.
Ich bin breiter als die ganze Erde
und weiter als diese ganze grüne Welt.
Auf wundersame Weise mit wunderbarem Geschick erschaffen
umarme ich alle Dinge – und das ohne jede Mühe!
Es gibt kein Geschöpf unter mir
in dieser wundersamen Welt; ich wurde
erhoben über ein jedes der Geschöpfe unseres Herrn,
der alleine mit seiner ewigen Macht mich wirksam

*daran hindern kann, weiter anzuwachsen. Ich bin dicker
und mächtiger als der große Wal, der schläfrig
aus seinem Meeres-Bett heraufblickt; ich bin stärker als er
und doch habe ich wengier Muskeln als ein Holzbock,
den vorsichtige Männer mit einem Messer herausholen.
Mein Haupt bedecken keine weiße Locken,
die sorgsam gewellt sind, stattdessen bin ich völlig kahl;
ich habe auch keine Augenlider oder Brauen
– sie wurden mir alle vom Schöpfer abgeschnitten;
dennoch sprießen lieblich anzuschauende gewellte Locken
aus meiner Kopfhaut und wachsen, bis sie
auf meinen Schultern glänzen – und unvergleichbares Wunder!
Ich bin größer und dicker als das fette Schwein,
die grunzende Sau, die glücklich
im Buchenwald lebt, schlammverschmiert und wühlend,
sodaß sie ... ... (der Rest ist unlesbar) ... ...
... ...
... ...
... ...*

      (gnufpöhcS eid)

40. Rätsel

*Ich habe ein zwei schöne Wesen beobachtet,
die sich ungehemmt vor der Tür miteinander vereinten:
die schönhaarige, errötete Frau
bekam unter ihren Kleidern, was sie wollte,
falls die Arbeit Frucht getragen hat. Ich kann den Männern
in der Halle – falls sie wohlgebildet sind – die Namen
dieser Wesen in Runen sagen: Dort ist zweimal
Benötigtes (N) und auch eine glänzende Esche (AE)
steht in der Zeile, zwei Eichen (A)
und zwei Hagelkörner (H). Benutze die Macht des Schlüssels,
der die verriegelte Tür der Schatzkammer öffnet –
wenn der Riegel festsitzt, verwehrt er dem Runen-Mann den Zutritt
zu dem Rätsel und hält es in seinem Herzen
mit geschickten Banden verborgen. Nun ist der Schlüssel*

*für alle Männer in der Trink-Halle sichtbar – der richtige
Name dieses Paares mit dem Feder-Hirn.*

((NEAH) enneH enie dnu (ANAH) nhaH nie)

41. Rätsel

*Ich habe über einen edlen Gast erzählen hören;
Menschen sind ihm unterhaltsam. Er ist kein Opfer
der Schmerzen des Hungers und des Brennens des Durstes,
Alter und Krankheit sind ihm unbekannt.
Wenn der Diener ihn gut behandelt, den Gast,
der auf die Reise gehen muß, gut behandelt,
werden beide in ihrem Heim glücklich sein,
in Wohlstand leben, von einer Familie
umgeben; aber es wird Sorgen geben,
wenn der Diener seinen edlen Gast vernachlässigt,
seinen Herrn auf der Reise. Stelle sie Dir
als Brüder vor – furchtlos voreinander.
Wenn sie fortgehen, verlassen sie gemeinsam
eine Sippen-Frau (seine Mutter und seine Schwester)
– beiden erleiden Schmerzen. Der, der es vermag,
soll die Namen des Paares nennen, das ich beschrieben habe
– den Gast, dann den Diener, den Gastgeber.*

(.eleeS eid tsi tsaG red ,repröK red tsi rebegtsaG reD)

42. Rätsel

*Prächtig hängt es an des Mannes Hüfte,
von seiner Kleidung verborgen. Es hat ein Loch
in seinem Kopf. Es ist still und stark
und seine feste Haltung erlangt ihm eine Belohnung.
Wenn der Mann seine Kleidung
bis über seine Knie hochzieht, dann will er,
das der Kopf dieses hängenden Dings in das alte Loch stößt*

(das die passende Länge hat) und das schon oft zuvor gefüllt worden ist.

(gnuleipsnA eituediewz gituednie eretiew enie dnu - lessülhcS)

43. Rätsel

*Mir wurde gesagt, daß ein bestimmtes Ding
in seinem Beutel wächst, sich erhebt und ausdehnt,
eine Kruste aufwirft. Eine stolze Frau trug
dies knochenlose Wunder fort; die Tochter eines Königs
bedeckte dies geschwollene Ding mit einem Tuch.*

(... nehesrebü uz muak dnis negnuleipsnA nehcsitore eid ;torB nie rüf gieT red)

44. Rätsel

*Ein Mann saß beim Wein bei seinen beiden Frauen,
seinen beiden Söhnen und seinen beiden Töchtern,
die gute Freundinnen waren, und den beiden Söhnen,
die die bevorzugten Erstgeborenen waren. Der Vater
dieses feinen Paares war ebenfalls dort und ebenso
ein Onkel und ein Neffe. Insgesamt
saßen fünf Menschen unter diesem Dach.*

(.ettah nrethcöT nedieb nenies tim re eid ,imA neB dnu baoM nenhöS nedieb ned eiwos rethcöT nedieb enies dnu toL :tnematseT setlA)

45. Rätsel

*Eine Motte verschlang Worte. Als ich
von diesem Wunder hörte, schien es mir ein seltsames Ereignis zu sein,
daß ein Wurm das Lied irgendeines Mannes verschlungen hatte,
ein Dieb fraß in der Dunkelheit feine Verse
und ihre feste Grundlage. Der diebische Fremde
war kein bißchen weiser, nachdem er die Worte verschlungen hatte ...*

(mruwrehcüB = ettomhcuB)

46. Rätsel

Ich hörte einen leuchtenden Ring, ohne Zunge,
er sprach zu den Männern, obwohl er ohne
jegliches Argument oder zusammenhängende Worte sprach.
Der stille Schatz sprach vor den Männern:
„Rette mich, Helfer der Seelen!"
Mögen die Männer die geheimnisvollen Aussprüche
des roten Goldes verstehen und mögen sie, wie es der Ring sagte,
ihre Erlösung Gott anvertrauen.

(hcleK-slhamdnebA = gniR)

47. Rätsel

Ich kenne etwas, das fest auf der Erde steht,
taub und stumm; in den Tages-Stunden verschlingt es
oft nützliche Geschenke, die ihm von einem Diener
gegeben werden. Manchmal legt ein dunkelhäutiger,
schwarzhaariger Diener in den Häusern der Menschen
mehr in sein Maul: Dinge wertvoller als Gold,
Dinge wie die, von denen Edelmänner, Könige und Königinnen
träumen. Aber ich werde es nicht bei seinem Namen nennen,
diese stumme Wesen hier, diesen düstern Schwachkopf,
daß für seine Benutzung den Tapferen genau das zurückgibt,
was es zuvor gegessen hat.

(nefokcabtorB nie)

48. Rätsel

*Auf der Erde gibt es einen Krieger mit wunderlichem Ursprung:
Er wurde zum Segen der Menschen von zwei dummen Geschöpfen
glühend erschaffen. Feind trägt ihn zum Feind
um Schaden zu bringen. Frauen füttern ihn oft,
um ihn zu stärken. Wenn Mägde und Männer
sich mit gebührender Sorgfalt um ihn kümmern
und ihn häufig füttern, gehorcht er ihnen treu ergeben
und dient ihnen gut. Männer unterstützen ihn oft wegen seiner Wärme,
die er ihnen dafür gibt; aber dieser Krieger wird jeden anfallen,
der ihm erlaubt, zu stolz zu werden.*

(reueF nie)

49. Rätsel

*Ich habe vier seltsame Wesen beobachtet,
die gemeinsam reisten, ihre Fährte war finster,
jede ihrer Spuren war sehr schwarz. Das, was die Vögel trägt,
bewegte sich schnell – es flog durch die Luft,
es tauchte unter die Woge. Der sich mühende Krieger
arbeitete ohne Unterlaß, zeigte allen vieren
den Weg über das gehämmerte Gold.*

(snrohnetniT sed lekceD = dloG ;redefbierhcS dnu nemuaD ,regniflettiM ,regnifegieZ :reiv)

50. Rätsel

*Ich sah, wie ein Paar kräftige Gefangene
unter das Dach der Halle hereingebracht wurden;
sie waren Gefährten, fest gebunden,
aneinander gefesselt. Nah bei dem einen
stand eine dunkelhäutige Frau,
Sie hatte sie durch Fesseln fest im Griff.*

(rhi na nremieressaW iewz tim egnatsegarT renie tim nivalkS)

51. Rätsel

Ich sah einen Baum mit prächtigen Ästen,
der im Wald hoch aufragte; das Holz wuchs,
ein freudiger Wuchs. Sowohl Wasser als auch Erde
nährten ihn gut, aber als er alt wurde,
wurde sein ganzes Leben zu Leid:
schwer verwundet, und schweigend in seinen Ketten,
seine Vorderseite war mit finsteren Ornamenten verziert.
Nun öffnet sein zustoßender Schädel
den Weg für seinen Besitzer,
einen widerwärtigen Feind. Oftmals haben sie im Sturm
zusammen einen Schatzhort geplündert.
Der Mann war zuvor schnell und ruhelos,
sein Gefährte in die Enge getrieben und in Gefahr.

(kcobmmaR nie)

52. Rätsel

Ein junger Mann ging zu der Ecke, von der er wußte,
daß sie dort stand; dieser zog der Jugendliche
ihr Kleid aus und stieß ihr, während sie dort stand,
etwas Steifes unter ihren Gürtel
und hat das getan, was er wollte – sie wurden beide geschüttelt.
Diese Jüngling beeilte sich: im einen Augenblick war er heftig,
ein erstklassiger Diener, so angestrengt,
daß er bald schon erschöpft war
– ganz schlapp von seiner Aufregung. Unter dem Gürtel
begann sich ein Ding zu regen, an das aufrechte Männer oft
zärtlich denken und das ihnen wichtig ist.

(ßafrettuB nie)

53. Rätsel

Ich sah in der Halle (als die Gäste tranken)
wie ein wundersamer Baum aus viererlei Arten Holz hereingebracht.
Es bestand aus vorzüglichem Holz,
war mit gezwirntem Gold verziert, mit Silber bedeckt,
mit Juwelen eingelegt, sehr kunstfertig, ein Symbol des Weges, den Er
für uns zwischen Himmel und Erde erschaffen hat,
bevor er zur Hölle eilte. Ich kann euch leicht
den Ursprung dieses Baumes berichten:
die harte Eibe und der helle Holunder,
der Ahorn und die Eiche. Sie dienen gemeinsam
allen guten Menschen und tragen gemeinsam einen Namen –
Wolfskopf-Baum, Schatz der Halle
Waffe seines Herrn, Schatz der Halle,
Schwert mit goldenem Griff. Nun sage mir der die Antwort
auf dieses Lied, der zu raten versuchen will,
wie dieser Baum genannt wird.

((mrofzuerK tah) trewhcS nie ,(sreneßotegsuA = fpoK-floW) neglaG = zuerK sad ,xifizurC nie)

54. Rätsel

Ich war in einem Raum, in dem ich etwas gesehen habe,
ein Ding aus Holz, daß ein strebsames Ding verwundet hat,
ein sich bewegender Balken – es erlitt Kampf-Wunden,
tiefe Verletzungen; Speere verursachten die Wunden
dieses Dings; und das Holz war fest gebunden worden –
mit großem Geschick. Einer seiner Füße
war fest, unbeweglich; der andere arbeitete fleißig,
spielte in der Luft, manchmal auch nahe dem Boden.
Ein Baum war in der Nähe, er stand dort
voll heller Blätter. Ich sah, wie die Überreste
des Pfeil-Werkes meinem Herrn gebracht wurden,
der dort war, wo die Helden beim Trank sitzen.

(elloW/nenieL/xalF = rettälB ;nekcornnipS = muaB ;nedäftteK eid rüf nekaH = ereepS ;ebeweG = gniD sednebrets ;eladeP = eßüF ;nehcffihcsrebeW = liefP ;lhutsbeW nie)

55. Rätsel

Über den Hügeln, hält diese Luft
fröhliche kleine Geschöpft hoch oben, dunkel und schwarz gekleidet,
voll kühnem Gesang, ziehen sie in Scharen umher,
und zwitschern laut. Sie laufen auf den Landzungen umher
und manchmal auf den Häusern der Menschen. Sie benennen sich selber.

(thcirpstne legöV reseid fuR med rehe 'ehärK' emaN red nnew hcua ,neblawhcS hcilniehcsrhaw)

56. Rätsel

Ich kenne ein Ding mit nur einem Fuß,
das mächtige Taten vollbringt. Es reist nicht,
reitet nicht viel, kann auch nicht
durch die reine Luft fliegen; auch wird es nicht von Schiffen getragen,
von einem Boot mit genagelten Planken. Es ist dennoch
seinem Meister sehr oft nützlich.
Es hat einen schweren Schweif und einen kleinen Kopf
und eine lange Zunge. Es hat keine Zähne,
es ist zum Teil aus Eisen. Es geht durch eine Höhlung.
Es trinkt kein Wasser, es ißt nichts,
es braucht kein Futter. Trotzdem trägt es häufig
Wasser empor. Er brüstet sich nicht seines Lebens
oder der Geschenke seines Herrn. Es folgt trotzdem
seines Meisters Wort. In seinem Namen sind
drei echte Runen. 'Rad' ist die erste.

(remiE dnu edniW tim nennurB nie tsi gnusöL eid ;'nehrd' tetuedeb eis – 'daR' tsi enuR eiD)

57. Rätsel

Ich sah in der Halle einen goldenen Ring,
den die Menschen mit glücklichen Herzen sahen,
mit weisem Geist. Frieden und Erlösung

hat Gott jedem Gast geboten,
der diesem Ring dreht. Ein Wort sprach er,
der Ring, auf dieser Versammlung: er nannte
den Erlöser der rechtschaffenden Menschen – stumm erinnerte er
ihren Geist und den Blick ihrer Augen
an den Namen des Herrn – wenn sie
die wahre Bedeutung des edlen Goldes erfassen konnten.
Der verwundete Herr: Tue, wie die Wunden
des Ringes es sagen ... ... (Lücke) ... ...
Das Gebet kann nicht ... ... (Lücke) ... ...
die Seele eines Menschen unerfüllt
die Stadt des Fürsten suchen, die Burg des Himmels.
Erkläre, wie die Wunden dieses prachtvollen Rings
zu den Sterblichen sprachen, als er dort in der Halle
in den Händen der Stolzen gedreht und gewendet wurde.

      (hcleK-slhamdnebA)

58. Rätsel

Am Ort meiner Geburt stand ich fest verwurzelt,
am Meeresrand, nah am Strand,
im Sand; nur wenige Menschen
sahen mein Heim in der Einsamkeit,
aber in jeder Morgendämmerung, in jeder Abenddämmerung
wirbelten die fahlen Wogen um mich her
und zerrten an mir. Ich dachte nicht daran,
daß ich, der Mund-lose, jemals für die Männer,
die an der Met-Bank sitzen, Worte sprechen,
reden würde. Es ist sehr verwirrend,
ein Wunder für jene Männer, die solcherlei Künste nicht kennen:
wie man mit der Spitze eines Messers und der rechten Hand
– des Fürsten Geist und Werkzeug wirken gemeinsam –
mich schneiden und schnitzen kann – sodaß ich Dir ohne Furcht
eine Botschaft senden kann und niemand die Worte,
die wir miteinander sprechen, überhören kann.

      (tethcuefna batsnenuR-neglA ned nam eew , driw rabthcis redeiw nnad tsre sad ,nnak neztir

Rünenstab: Rune auf einem Stab Seeland aus Dänemark (Laminar digitata), in den Mann ein etwas

59. Rätsel

Eine gute Frau, eine Dame, hat mich oft
in einer Truhe verschlossen. Manchmal holte sie mich
mit ihren Händen wieder heraus und gab mich ihrem Herrn,
einem feinen Fürsten – so wie er es ihr befahl,
Dann stieß er seinen Kopf in mich hinein,
von unten nach oben, in den engen Teil.
Wenn die Kraft dessen beständig war, der mich
erhielt, geschmückt, wie ich war, dann erfüllte mich
das eine oder andere Rauhe. Rate, was ich meine!

(ein Hemd; Kopf durch das Kopfloch; ein eindeutig zweideutiges Rätsel)

60. Rätsel

Ich bin hart und scharf, stark im Eintreten,
kühn im Herauskommen, meinem Herrn gut und treu.
Ich gehe unten lang hinein und öffne
mir den passenden Weg. Der Krieger ist in Eile,
der mich von hinten stößt, ein Held in seinem Gewand.
Manchmal zieht er mich heraus, heiß aus dem Loch.
Manchmal kehre ich in den engen Ort zurück
– ich sehe nicht, wohin. Ein südlicher Mann
treibt mich hart an. Sag, was ist mein Name?

(südlicher Mann = gescheckter Mann?; erotisches Anspielungen waren sehr beliebt ...; ein Schürhaken;)

61. Rätsel

Ich lebte, aber sagte nichts – und so werde ich auch sterben.
Ich kam zurück, bevor ich war. Jeder plündert mich,
jeder hält mich verschlossen und schert mein Haupt,
beißt meinen bloßen Körper, bricht meine Sprossen.
Ich beiße keinen Menschen, wenn er mich nicht beißt;
doch es gibt viele, die mich beißen ...

(... neröhrebü uz thcin dnis enötnebeN nehcilgüznA nenielk eid ;lebeiwZ eid)

62. Rätsel

Ich bin größer als die ganze Welt ist,
ich bin kleiner als ein Regenwurm, heller als der Mond,
schneller als die Sonne. Alle Meere und Gewässer
werden von mir umarmt, und auch der Busen der Erde
und die grünen Felder. Ich reiche bis zur Erde hinab,
ich steige bis zur Hölle nieder, ich steige über den Himmel hinauf,
in das Land der Herrlichkeit. Ich reiche bis fern
über die Heimat der Engel empor. Ich erfülle die Erde,
die ganze weite Welt und die Strömungen des Meeres
alle mit mir selbst. Sag, was ist mein Name?

(gnufpöhcS eid)

63. Rätsel

Auf dem Weg ein Wunder: Wasser wird zu Knochen.

(siE uz treirfeg ressaW)

64. Rätsel

Dies Wesen ist merkwürdig, wenn man seine Beschaffenheit nicht kennt.
Es singt durch seine Seiten. Sein Hals ist gebogen,
geschickt geschnitzt, und über seinem Rücken
hat es zwei scharfe Schultern. Es folgt seinem Schicksal,
während es anmutig am Straßenrand steht,
hoch und hell; nützlich für gute Männer.

(.kcütsdnuM egitra-neobO sad dnis „nretluhcS nefrahcs" eiD .tsi nedrow tgitrefeg dnarneßartS ma semuaB senie zloH med sua eid ,(nrohmmurK) etölfnetriH eniE)

65. Rätsel

… … … … … …
… … … … … …
… … … … … …
ich war klein … … … meine Schwester fütterte mich
… … … … … …
Oft zog ich an den vier lieben Brüdern,
jeder von ihnen gab mir täglich zu trinken
– reichlich, durch ein Loch. Ich gedieh glücklich
bis ich älter wurde und all dies
dem düsteren Hirten ließ. Ich wanderte fern
zu den Waliser Sümpfen, durchquerte die Moore
– unter einen Balken gebunden. Ich hatte einen Ring auf meinem Nacken,
litt Qualen auf meinem Weg, wurde gezwungen, meinen Teil
an den Arbeiten zu verrichten. Oftmals hat der Stachelstock
meine Seite arg verwundet. Aber ich schwieg,
sprach niemals mit einem Menschen,
wenn mich die Stiche schmerzten.

(neheiz gulfP ned re etßum retäps ;hcliM eid etriH red mhan hcanad ;rettuM renies retuE ma neztiZ = redürB reiv ;reitS nie)

66. Rätsel

Ich war einst eine junge Frau, ein Dame mit schönem Haar,
und zugleich ein unvergleichlicher Krieger;
ich flog mit den Vögeln und schwamm im Meer,
tauchte unter die Wellen und war tot bei den Fischen
und ich lief auf der Erde. Ich habe eine lebende Seele.

(ßulF/hcaB = edrE fua ,nefportnegeR red tätilaudividnI eid hcua tedn trod dnu reeM mi nedne essülF ella = tot/reeM ,ekloW = legöV ieb ,hcurbnekloW regitfeh = nnaM ,negeR retfnas = uarF :ressaW)

67. Rätsel

Ich habe eine gesehen, die saß alleine.

(enneH ednetürb enie)

68. Rätsel

Das Meer ernährte mich, der Wasser-Helm war über mir,
die Wogen bedeckten mich, ich war nahe am Grund.
Ich war fußlos. Ich habe oft zum Wasser hin
mein Maul geöffnet. Nun wollen die Leute
mein Fleisch essen. Doch meine Haut wollen sie nicht haben.
Wenn sie mein Fell mit einer Messerspitze aufschneiden,
... ...
Dann essen sie mich ungekocht. ... ...

(retsuA enie)

69. Rätsel

*Ich bin eines Edlen Schulter-Gefährte,
eines Kriegers Freund, meinem Herrn lieb,
ein Begleiter von Königen. Seine schönhaarige Dame
legt manchmal ihre Hände auf mich,
eine Fürsten-Tochter – obwohl sie so edel ist.
Ich trage auf meiner Brust, was im Wald wuchs.
Manchmal reite ich auf einem stolzen Roß
an der Spitze des Heeres. Meine Zunge ist hart.
Oftmals bringe ich eine Belohnung für die Worte
des Sängers nach seinem Lied. Meine Weise ist gut
und ich bin dunkel gekleidet. Sag, was ist mein Name?*

(gnalK = esieW ;negarteg retluhcS red ebü dnaB menie na driw se = etrhäfeG-retluhcS ;nrohlangiS nie)

70. Rätsel

*Ich habe eine vorgewölbte Brust und einen dicken Nacken,
ich habe einen Kopf und einen großen Schwanz,
ich habe Augen und Ohren und einen einzigen Fuß,
einen rauhen, harten Schnabel und einen langen Hals
und zwei Seiten – in der Mitte hohl.
Mein Heim ist über den Menschen. Ich leide sehr,
wenn mich der anrührt, der den Wald bewegt
und Regen und harter Hagel schlagen mich, wenn ich dastehe,
und Frost läßt mich frieren und Schnee
fällt auf mich, meinen hohlen Bauch ... ...
... ... (unvollständig) ... ...*

(nhahretteW nie)

71. Rätsel

Uralt ist meine Ahnenreihe ... ... (Lücke) ... ...
Ich habe in Städten gelebt, nachdem der Hüter des Feuers
... ... (Lücke) ... ... von Flammen umgeben,
durch Feuer gereinigt. Nun bewacht mich
der Bruder der Erde, der zuerst für mich
ein Sorgen-Bringer gewesen ist. Ich erinnere mich
genau daran, wer am Anfang meine Ahnen vertrieb,
die ganze Welt zerstörte. Ich kann ihm kein Leid zufügen,
aber ich kann von Zeit zu Zeit in der ganzen Welt
Gefangenschaft bewirken. Ich habe großen Ruhm
und keine geringe Stärke in dem ganzen Land,
aber ich muß vor allen Menschen
die geheime Macht und das kostbare Geschick
und den Pfad, dem ich folge, verbergen. Sag, was ist mein Name?

(nnamgreB = edrE red redurB ;deimhcS = sreueF sed retüH ;zrE = nenhA ;dleG dnu neffaW hcua rädnukes ,llateM)

72. Rätsel

Dieses Rätsel ist eine Übersetzung eines der 100 Rätsel aus dem auf Lateinisch verfaßten Buch „Symphosius" des christlichen Schriftstellers Lactantius, der von 240 bis 320 n.Chr. lebte und der Ratgeber von Konstantin I, dem ersten christlichen Cäsar, gewesen ist. Er hat seinerseits z.T. auf deutlich ältere lateinische Rätsel zurückgegriffen.

In meiner Halle ist es nicht still, aber ich selber bin nicht laut,
... ... (Lücke) ... ... für uns beide hatte der Herr bestimmt,
daß wir stets dieselben Wege gehen. Ich bin schneller als er
und manchmal stärker – er ist ausdauernder.
Ich ruhe mich oft aus – er muß weiterlaufen.
Bei ihm ist mein Leben lang meine Heimat.
Wenn wir beide getrennt werden, ist mir der Tod vorherbestimmt.

(ßulF nie dnu hcsiF nie)

73. Rätsel

*Mein Kopf wurde von einem Hammer geformt,
von scharfen Werkzeugen verletzt, durch Feilen geglättet.
Ich nehme in meinen Mund, was man mir vorsetzt,
wenn ich, an Ringe gekettet, zuzuschlagen gezwungen werde,
hart auf hart, von hinten gedrängt,
ich muß das hervorziehen, was um Mitternacht
das 'W' meines eigenen Herren ist.
Manchmal wende ich meinen Schnabel nach hinten,
wenn mein Herr, der Beschützer der Schätze,
das Hinterlassene derer sehen will, deren Leben er
für sein eigenes Verlangen durch Kampfkunst vertrieben hat.*

(eztähcS etbuareg = senessalretniH ;etteK na lessülhcS = egniR ;zlotS/ednuerF = nyW enuR = 'W')

74. Rätsel

... ...
... ...
... ...
... ... (nur einzelne Worte erhalten) ... ...
... ...
... ...
... ...
... ...
*Ich jedoch stand aufrecht, dort, wo ich war
– ich und mein Bruder. Wir waren beide hart.
Der Ort, an dem wir standen, war edel,
noch höher an Ehren. Der Hain verbarg uns oft,
der Schutz der Bäume in dunklen Nächten
beschützte uns vor Schauern. Der Herr erschuf uns beide.
Uns beiden Großen wird nun unsere Sippe nachfolgen,
jüngere Brüder werden uns aus unserem Heim vertreiben.
Ich bin einzigartig in der Welt. Selbst mein Rücken
ist dunkel und wunderbar. Ich stehe auf Holz,
auf dem Ende eines Brettes. Mein Bruder ist nicht hier,*

sodaß ich nun bruderlos an meinem Platz
auf dem Ende eines Brettes bleiben muß – und ich stehe fest.
Ich weiß nicht, wo mein Bruder nun ist,
oder wo er auf dem Busen der Erde wohnt
– er, der zuvor hoch neben mir lebte.
Wir standen im Kampf beisammen,
nie war einer von uns mit seiner Kraft allein
und so waren wir in der Schlacht unbesiegbar.
Nun dringen merkwürdige Wesen in mich,
verletzen mein Inneres. Ich kann nicht fliehen.
Auf den Spuren wird der Erfolg finden, der danach sucht,
... ... (Lücke) ... ... den Vorteil seiner Seele. ... ...
... ... (unvollständig) ... ...

    (hieweG sedneshcawhcan :redürB eregnüj .neneid „eleeS red lietroV" med eid ,nebierhcs uz
    tfirhcS negilieh renie sua („nerupS„) etroW ,tneid uzad rebierhcS menie nun sad ,tgitrefegna
    nrohnetniT nie edruw nedieb ned nov menie suA .renröH iewz)

                                75. Rätsel

Ich wuchs in einem Feld auf, lebte dort, wo die Erde
und der Himmel mich nährten, bis mich die, die mich haßten,
von dem meinem Weg, den ich gegangen bin, solange ich gelebt hatte,
abbrachten, als ich alt an Jahren war.
Sie änderten meine Gestalt, hoben mich von der Erde empor
und zwangen mich, mich gegen meine Natur zu biegen,
um dem Willen eines Mörders gefügig zu sein. Nun in der Hand meines Meisters

... ...
... ...
... ...
... ...
... ...
... ... (nur einzelne Worte lesbar) ... ...
... ...
... ...
... ...
... ...
... ...

... ...
sorgt gut für mich, trägt mich in der Schlacht,
nutzt mich geschickt nach seinem Willen. Es ist weit bekannt,
daß ich unter den Kühnen mit der Kraft eines Diebes
... ... (Lücke) ... ...
manchmal renne ich offen gegen eine Festung an,
wo zuvor Frieden gewesen ist.
Schnell in seiner Bewegung, wendet er sich in Eile
von diesem Ort fort – der Krieger, der mich
und meine Art gut kennt. Sag, was ist mein Name?

(liefP nie hcua .ltve redo reepS nie)

76. Rätsel

Es gibt ein Ding, das auf seltsame Weise geboren wurde;
es ist wütend und agressiv; es geht einen grimmigen Weg,
tobt gar heftig, rennt über den Boden,
ist die Mutter von vielen wundersamen Wesen.
Es bewegt sich anmutig, strebt immer voran;
versucht stets, ganz flach zu liegen. Niemand kann einem
anderen mit schönen Worten sein Wesen beschreiben
oder seine ungezählten Gestalten aufzählen.
Der Vater wachte über seine uralte Entstehung,
über seinen Anfang und sein Ende, und auch sein einziger Sohn,
das ruhmreiche Kind Gottes ... ...
... ...
... ...
... ...
... ... (nur einzelne Worte erhalten) ... ...
... ...
... ...
... ...
... ...
... ...
Mächtig an Stärke ist die Mutter;
wundersam gestützt, mit Speise beladen,
mit Schätzen geschmückt, den Helden kostbar;

ihre Macht vervielfältigt sich, ihre Stärke setzt sich durch,
ihr Antlitz wird mit glücklicher Nutzung geehrt
– ein schönes, strahlendes Juwel, das die Stolzen tragen,
rein und großzügig, mächtig und geschickt.
Es ist den Wohlhabenden lieb und teuer, es beruhigt die Armen,
es ist gut, vorzüglich; es ist das kühnste und das stärkste,
das gierigste und das eifrigste von allem, das auf der Erde
und unter dem Himmel emporgewachsen ist, und das die Söhne der Menschen
jemals mit ihren Augen gesehen haben – es läuft über den Boden.
Daher webt dieser Ruhm die Macht der Sterblichen,
auch wenn sie weise sind ... ... (Lücke) ... ...
ein Mann mit mehr Weisheit im Herzen, eine Schar von Wundern.
Dann wieder ist die Erde härter, die Helden älter,
die Geschenke großzügiger, die Gemmen wertvoller;
es verschönert die Welt, vermehrt ihre Früchte,
wischt Verbrechen aus ... ... (Lücke) ... ...
oft wirft es von außen her eine einzige Decke von wundersamer
Schönheit über alles, über die ganze Menschheit,
sodaß die Menschen überall in der Welt staunen.
... ...
... ...
... ...
... ... (nur einzelne Worte erhalten) ... ...
... ...
... ...
... ...
... ...
... ...
... ...
... ...
... ...
... ...

(.wsu ressawrU ,eenhcS ,negeR ,hcaB sla ressaW)

77. Rätsel

*Oft werde ich mich als ein wertvolles Ding
für die Freuden in der Halle erweisen, wenn ich gebracht werde,
Gold-glücklich – dorthin, wo Männer trinken.
Oft küßt der treue Diener in der Kemenate
meinen Mund, wenn wir zwei zusammen sind.*

(nesreV nenebeirhcegredein hcnöM menie nov neseid ni negnuleipsnA ehcsitore redeiw dnu ;rehceB nie)

78. Rätsel

Ich sah einen Raschen den Pfad entlang eilen.

(stiesneJ sni geW = dafP .tbigre "dnalieH" .h.d ,"DNeLaeH" hcis hcrudow ,tznägre elakoV eid hcrud dnu neseleg sträwkcür driw HLND)

79. Rätsel

*Ich sah ein Ding, das sich über die Wogen bewegte.
Es war prächtig und wundersam ausgestattet.
Es hatte vier Füße unter seinem Leib
– und acht (homo mit mulier
auf Pferden equus) auf ihren Rücken.
Es hatte zwei Flügel und zwölf Augen
und sechs Köpfe. Sag, was das ist!*

homo = Mann
mulier = Frau
equus = Pferd

(lebanhcS mi nhi tläh dnu negnafeg hcsiF nenie ressaW mi tah eklaF red
,neklaF nenie tläh nnaM red
,dnuH nenielk nenie tgärt uarF eid
,uarF enie dnu nnaM nie fuarad
,drefP nie fuarad
,erhäF enie

:redo

;lebanhcS mi nhi tläh dnu negnafeg hcsiF nenie ressaW mi tah eklaF red
,neklaF nenie tläh nnaM red
,uarF eregnawhcs enie dnu nnaM nie fuarad
,drefP nie fuarad
,erhäF enie)

80. Rätsel

*Es bewegte sich auf dem Wasser, es war nicht nur ein Vogel,
aber es ähnelte all diesen:
ein Pferd, ein Mann, ein Hund, ein Vogel
und zudem die Gestalt einer Frau.
Kannst Du sagen, was die Wahrheit über
das Wesen dieses Dinges ist?*

(neklaF nenie tläh nnaM red
dnuH nenielk nenie tgärt uarF eid
,uarF enie dnu nnaM nie fuarad
,drefP nie fuarad
,erhäF enie)

81. Rätsel

*Ich sah W und I über die Ebene laufen
und B E tragen; diese beiden waren
ihres Besitzers Freude – H und A
war sehr stark. TH und E
und F und A freuten sich; S und F
der Leute flogen über EA.*

Dieses Rätsel löst sich dadurch, daß man an die Stelle der Runen (einzelne Großbuchstaben) den Namen dieser Runen, die stets einen Gegenstand bezeichnen, stellt bzw. die Abkürzungen der angelsächsichen Worte vollständig ausschreibt.
Dann ergibt sich der folgende Lösungstext:

Ich sah ein Pferd (W und I) über die Ebene laufen
und einen Mann (B E) tragen; diese beiden waren
ihres Besitzers Freude – der Falke (H und A)
war sehr stark. der Sklave (TH und E)
und der Falke (F und A) freuten sich; die Speere (S und F)
der Leute flogen über Erde (EA).

82. Rätsel

Ich sah ein wundersames Ding; es hatte einen großen Bauch,
der gewaltig angeschwollen war. Ein Diener sah nach ihm
– er hatte eine starke und kräftige Hand. Groß schien er mir,
ein guter Krieger. Er ergiff sofort
mit den Zähnen des Himmels … … … … …
blies mit seinem Auge. Es bellte,
gab willig nach und würde trotzdem
… … … … … …
… … … … … …
… … … (der Rest fehlt) … … …

(dniW redneßieb = enhäZ-slemmiH ;rhorsalB = eguA ;kcasredeL = hcuaB ;glabesalB mie)

83. Rätsel

Ich bin eines Edlen Besitz und Freude,
… … … (unvollständig) … … …

(???)

84. Rätsel

... ...
... ...
... ...
... ... (die ersten 8 Zeilen sind sehr lückenhaft) ... ...
... ...
... ...
... ...
... ...

viele Tage alt, über tiefe Flüsse;
manchmal stieg er die steilen Hügel
in seiner Heimat empor: manchmal ging er zurück
in tiefe Täler, suchte nach Sicherheit,
mit starkem Schritt. Er grub in felsigem Grund,
der hartgefroren war; manchmal schüttelte er den Rauhreif
aus seinem hellen weißen Haar. Ich ritt mit den Eifrigen
bis mein junger Bruder den Sitz der Freude bestieg
und mich von daheim forttrieb.
Das dunkle Eisen verwundete mein Inneres;
es floß kein Blut heraus, kein Blut von innen,
obwohl der scharf-schneidigen Stahl tief in mich biß.
Ich beklagte nicht die Zeit, weinte nicht wegen der Wunden,
und ich konnte auch nicht mein schweres Schicksal rächen
– Leben für Leben: aber ich erlitt die Pein
von allem, was den Schild beißt. Nun schlucke ich das Schwarze,
das Holz und das Wasser. Ich umarme in mir
das, was oben auf mich herabfällt – dort, wo ich stehe
(es ist etwas Dunkles). Ich habe einen Fuß.
Nun plündert der räuberische Feind meinen Schatz,
der einst weithin den Gefährten des Wolfes trug.
Was aus mir herauskommt, bewegt sich fort und fort,
Schritte auf dem festen Brett ... ...

... ...
... ... (nur einzelne Worte erhalten) ... ...
... ...

(resseM/trewhcS = reßieB-dlihcS ;redefbierhcS <= ebaR = etrhäfeG-sfloW ;tlhöhegsua hieweG ,tetöteg hcsriH ,neshcaweg uen ,nefroweba hieweG :nrohnetniT)

85. Rätsel

*Ich sah den Wicht auf seinem Weg laufen,
er war prachtvoll, wundervoll gekleidet.*

    (.driw nies tniemeg ressaW ßad ,hcis tbigre (egoW = geW) lanigirO nehcsishcäslegna mi leipstroW menie suA)

86. Rätsel

*Manchmal eile ich durch die bleichen, feuchten Wolken,
die auf meinem Rücken reiten, verstreue sie in die Weite
mit strömendem Wasser. Manchmal erlaube ich ihnen
zusammenzufließen. Groß ist der Lärm,
Aufruhr über den Häusern, und laut ist das Krachen,
wenn Wolke heftig gegen Wolke schlägt
wie Schwert gegen Schwert. Finstere Geister,
schnell sind sie über den Sterblichen, Schweiß mit Feuer
mit glühender Flamme und schrecklichen Klängen.
Über den Menschen führen sie Kämpfe
mit schrecklichem Getöse; dann lassen sie
düstere, prasselnde Ströme aus ihrer Brust herniederfallen:
Wasser aus dem Inneren. Das schreckliche Heer
zieht kämpfend weiter; Panik steigt auf,
eine mächtige Furcht in den Herzen der Menschen;
Schrecken in den Städten, wenn der dahingleitende Dämon
mit glühenden, scharfen Waffen schießt.
Der diese Pfeile des Todes nicht fürchtet, muß blind sein;
er wird jedoch trotzdem sterben, wenn der wahre Herr
von oben her durch den Regen
die Pfeile des grimmen Sturmes, die schnellen Geschosse
fliegen läßt. Nur wenige entkommen,
die von diesen Pfeilen des feindlichen Regens ereilt werden.
Ich stehe in der Vorhut dieser Kampffront
wenn ich die Wolkensäule vorwärtstreibe,
wenn ich sie mit meisterlicher Macht durch den Streit
auf der Brust der Brände treibe. Der hohe Sturm
ballt sich in der Schlacht zusammen und bricht aus.*

Da beuge ich mich unter dem Helm des Himmels nieder zur Erde
und halte auf meinem Rücken die Last, die ich trage
auf Befehl von ihm, dem allmächtigen Herrn.
So führe ich, ein mächtiger Diener, immer neue Schlachten
– manchmal unter der Erde; manchmal muß ich tief
unter die Wogen hinab; manchmal erhebe ich von oben die Wasser,
oft erhebe ich mich und bewege die Wolken, weit ziehe ich dahin,
schnell und heftig. Sag mir meinen Namen,
oder wer mich erhebt und treibt, wenn ich nicht ruhen darf,
oder wer mich anhält, wenn ich still werde.

(ttoG = semrutS sed regeweB ;mrutS nie)

87. Rätsel

Dieses Rätsel aus dem Exeter-Buch ist im Original auf lateinisch verfaßt worden.

Das schien mir seltsam: ein Wolf hielt ein Lamm;
das Lamm fiel ... ... und weidete den Wolf aus.
Als ich dort stand und schaute, sah ich einen großen Glanz:
Dort standen zwei Wölfe, die einen dritten bedrängten
– sie hatten vier Füße; mit sieben Augen sahen sie.

(Das Lamm und die sieben Augen erinnern gemeinsam an Christus als das siebenäugige Lamm (sieben Planeten) in der Apokalypse – aber das kann der Versuch sein, den Leser auf eine falsche Fährte zu locken.

Vielleicht liegt der Lösung auch ein Wortspiel zugrunde: „Wolf" ist auch in „wul" (Wolle) und „flys" (Vlies), zusammen "wulflys", enthalten. Dann wäre der Wolf die Wolle, die beim Spinnen aus dem Vlies herausgezupft („ausgeweidet") wird. Der „Glanz" könnte dann das Gewebe selber sein, das aus dem „ersten Wolf" besteht und in dem nun mithilfe der Weberkämmer (die beiden anderen „Wölfe") die Schußfäden fest aneinandergeschoben werden.

Die Lösung für dieses Rätsel ist sehr umstritten.

Auch der Grund, warum es als einziges auf Latein und nicht auf Angelsächsisch geschrieben worden ist, ist unklar.)

88. Rätsel

Ein Wesen kam dorthin, wo viele Männer
mit weisen Herzen beim Rat saßen.
Es hat ein Auge und zwei Ohren;
es hatte zwei Füße und zwölfhundert Köpfe,
einen Rücken und einen Bauch und zwei Hände,
Arme und Schultern, einen Nacken
und zwei Seiten. Sage mir, wie ich genannt werde.

(.efpöK übrigen 9911 eid dnis nehezhcualbonK eiD .tsi refuäkrevhcualbonK regiguänie nie gnusöL eid ßad ,neßeilhcs nam nnak mlehdlA. tS sed suisohpmyS mi gnuleipsnA renie suA)

89. Rätsel

Von diesem Rätsel fehlt der Anfang – aufgrund einer größeren Lücke läßt sich nicht sagen, wieviele Zeilen hier fehlen.

... ... erneuert.
Dies ist die Mutter vieler Arten,
der besten, der dunkelsten,
der liebsten, die die Kinder der Menschen
auf der ganzen Brust der Erde mit Freude besitzen.
Wir können hier auf Erde ohne das,
was diese Kinder tun, nicht leben.
Dies ist etwas, worüber alle Sterblichen nachdenken sollten,
alle gelehrten Männer: was ist dies Ding?

(Dieses Rätsel ist so unvollständig, daß es kaum möglich ist, die Lösung zu erkennen. Es könnten z.B. die Speisepflanzen sein oder das Getreide, aber es sind auch andere Lösungen denkbar.)

90. Rätsel

Ich habe über ein prächtiges Ding erzählen gehört,
über den Herrn der Menschen, ein Wort-Zaubergesang … … …
… … … … … …
… … … … … …
… … Weisheit, Wunder … …
… … … … … …
… … … … … …
… … … … … …
… … … … … …
… … … … … …
… … … Ich wurde
zu einem Lehrer der Leute, lebte ein ewiges Leben
in vielen Händen. Ich habe es oft dort,
wo Männer gemeinsam trinken, mit Gold geschmückt gesehen,
mit Schätzen und mit Silber. Sag, wenn Du es vermagst,
wenn Du weise genug bist, was dies Ding ist.

(Die große Lücke macht es wieder schwierig, die Lösung sicher zu erkennen. Eine Möglichkeit wäre eine mit Gold und Edelsteinen geschmückte Bibel. Der „Wort-Zaubergesang" („Wort-Galdr") wäre dann die heilsame Wirkung der Worte in der Bibel.)

91. Rätsel

Von diesem Rätsel ist nur der Anfang erhalten geblieben. Es ist unklar, wie lang es gewesen ist.

Ich bin eines starken Mannes Besitz, golden gekleidet.
Mein Ort war zuerst der harte, steile Boden mit seinen schönen,
strahlenden Kräutern. Nun bin ich der Überrest von rauhen Dingen,
von Feuer und Feile. Ich werde eng gefesselt
und mit Drähten geehrt. Manchmal weint er,
der Träger des Goldes, wegen meinem Griff,
wenn ich tobe … … …
… … … … … …
… … … … … …

… … … … … …

(zlohnnerB uz edruw tserzloH red ;tetiebraeb elieF renie dnu egäS renie tim nnad edruw dnu gnaH ma shcuw muaB red ;setrewhcS senie ffirgzloH etlekciwmu tharddloG tim red)

92. Rätsel

Von diesem achtzeiligen Rästel sind nur 24 einzelne Worte erhalten geblieben, sodaß es unlesbar ist.

93. Rätsel

Von diesem sechszeiligen Rätsel sind nur 15 einzelne Worte erhalten geblieben, sodaß auch dies unlesbar ist.

94. Rätsel

Von diesem zehnzeiligen Rästel sind leider auch nur 23 einzelne Worte erhalten geblieben, sodaß es verloren ist.

95., 96., 97. und 98. Rätsel

Vermutlich sind vier Rätsel ganz verlorengegangen, da man sicherlich einigen lateinischen Vorbildern entsprechend versucht haben wird, insgesamt 100 Rätsel zusammenzustellen.

99. Rätsel

Ich war die Begierde der Braunen, ein Baum im Wald,
ein stattliches lebendes Ding und eine Frucht des Feldes,
ein Quell der Freude, die Botschaft einer Frau,
Gold in den Heimen. Nun bin ich eines Kriegers
glückliche Waffe mit einem Ring ... ...
... ...
... ...
... ...

(dlihcS-zlohnehcuB rednur nie ;hcuB nie redo batsnenuR nie ;nrekcehcuB = thcurF ;nesserf nrekcehcuB eid ,eniewhcS = enuarB ;ehcuB eine)

100. Rätsel

Ich bin ein herrliches Ding, das die Edlen kennen,
und oft ruhe ich, berühmt unter den Menschen,
unter den Mächtigen und den Niederen. Ich reise weit umher
und für mich und meine Freunde bleibt die Freude der Plünderer
zunächst ein Fremder, wenn ich Erfolg
in den Städten haben soll oder glänzenden Lohn.
Weise Männer lieben meine Gegenwart
über die Maßen. Vielen werde
ich Weisheit erläutern. Dort sprechen sie nicht,
keiner in der Welt. Obwohl nun die Söhne der Menschen,
die auf der Erde leben, eifrig die Spuren suchen,
die ich hinterlasse. Manchmal verberge ich
meine Pfade vor allen Menschen.

In Zeile 4 ist „und meine Freunde" grammatisch schwer einzuordnen. Daher ist es unsicher, ob dieser Teil des Satzes so gemeint gewesen ist.

(Die Lösung dieses Rätsels ist sehr umstritten. Es könnte der Mond mit seinen Phasen sein, ein umherziehender Sänger, oder auch ein Rätsel – was noch am plausibelsten zu sein scheint. Die „Freude der Plünderer" ist wahrscheinlich Gold.)

I 7. e)   Ein Rätsel aus dem altenglischen Runenlied

Ein Dreizeiler aus dem altenglsichen Runenlied, der die Rune „Yr" beschreibt, ist in der Form eines Rätsels verfaßt worden und gleicht sehr den altenglischen Rätseln aus dem Exeter-Buch, die in etwa aus derselben Zeit, aus demselben Land und aus derselben Kultur stammen.

Yr (Eibe) ist eine Freude   /   aller Fürsten
und Edlen;   /   es ist stattlich auf einem Roß,
verläßlich auf einer Reise,   /   eine Form der Bewaffnung.

(lohnebiE sua negoB niE)

I 7. f) Ein Rätsel aus der Morkinskinna

Das Rätsel in dieser Saga ist zwar nur ein Einzeiler, aber es entspricht dennoch den damaligen Rätsel-Regeln: Es ist ein Gleichnis – und es enthält zudem eine massive politisch-soziale Aussage.

Da erhob sich ein Mann mit dem Namen Atli und sagte die folgenden Worte:

„Mein Schuhe drücken so sehr, daß ich mich nicht von der Stelle bewegen kann."

Die Freunde des Königs dachten über diese Worte nach und frugen sich, was sie wohl bedeuten könnten. Ihre Bedeutung schien zu sein, daß die Gesetze des Königs Magnus so einengend waren, daß die Bauern jede Bewegungsfreiheit verloren und sogar jegliche politische Unabhängigkeit.

I 7. g)   Zwei Rätsel aus der Saga über Fridthjof den Kühnen

Die beiden Rätsel in dieser Saga haben zwar eine Lösung, aber der Rätselsteller beabsichtigte nicht, daß sie erraten werden. Er benutzt das Rätsel, um auf die berechtigte Frage eines Stärkeren hin nicht zu schweigen (was unhöflich und unklug wäre), aber auch nicht die Wahrheit zu offenbaren (was manchmal ebenfalls sehr angebracht ist).

Das Rätsel hat hier die Funktion, einen Konflikt zu vermeiden und den Privatbereich dessen, der auf eine Frage mit einem Rätsel antwortet, zu schützen.

Bevor Fridthjof („Friedensdieb" = „Krieger") hierher kam, zog er einen großen, ganz verschlissenen Kapuzen-Umhang über seine anderen Kleider. Er hielt zwei Stäbe in seinen Händen, trug eine Maske über seinem Gesicht und ließ sich so alt wie möglich aussehen.

Etwas später traf er zwei Schweinehirten, ging mit schweren Schritten zu ihnen und frug sie: „Woher kommt ihr?"

Da gaben sie die Antwort: „Unsere Heimat liegt in Streita-Land („Streit-Land") bei der Halle des Königs."

Da frug der alte Mann: „Ist Ring ein mächtiger König?"

Da antworten sie: „Du scheinst uns ein so alter Mann zu sein, daß Du in jeder Hinsicht wissen solltest, welch ein Mann König Ring ist."

Der alte Mann antwortete, daß er mehr über das Salzsieden nachgedacht habe als über das Wesen von Königen.

Danach ging er zu der Halle des Königs. Gegen Ende des Tages trat er ein und hielt sich ganz wie ein schwacher Greis, blieb neben der Tür stehen und zog sich seine Kapuze über seinen Kopf und sein Gesicht.

Da sprach der König zu Ingeborg: „Da ist ein Mann in die Halle gekommen, der viel größer als andere Männer ist."

Die Königin antwortete: „Das sind hier unwichtige Neuigkeiten."

Da sprach der König zu einem Diener, der vor der Tafel stand: „Geh und frage den Umhang-Mann, wer er ist, woher er kommt und was seine Verwandten sind."

Der Jüngling lief durch die Halle zu dem Fremden und sprach: „Was ist Dein Name, mein Herr? Und wo warst Du letzte Nacht? Und wer sind Deine Verwandten?"

Da sprach der Umhang-Mann: „Du fragst Deine Fragen schnell, mein Kamerad, aber wirst Du es auch verstehen, wenn ich Dir über diese Dinge erzähle?"

„Gewiß kann ich das," sprach der Jüngling.

Da sprach der Umhang-Mann: „Thiof („Dieb") ist mein Name, ich verbrachte die letzte Nacht bei Ulf („Wolf") und ich wuchs in Anger (1. Bedeutung: „Trauer", 2. Bedeutung „Fjord, Anger = Gemeinschafts-Wiese") auf."

Der Jüngling eilte vor den König und sagte ihm die Antworten des Fremden.

Da sprach der König: „Du hast gut verstanden, Jüngling. Ich kenne das Land Anger – es könnte aber auch sein, daß der Geist dieses Mannes keinen Frieden hat. Ich glaube, daß er ein weiser Mann ist und ein Mann von großem Wert."

Da sprach die Königin: „Es ist eine bemerkenswerte Neigung von Dir, daß es Dir so wichtig ist, mit jedem Bauern zu sprechen, der hierher kommt – wer auch immer er sein mag. Aber was diesen Mann angeht, würde ich gerne wissen, welchen Ruf er hat."

Da sprach der König: „Das weißt Du kein bißchen besser als ich. Ich sehe, daß dies ein Mann ist, der mehr denkt als er redet, und der seine Augen gut gebraucht."

Da sandte der König einen Mann nach ihm und der Umhang-Mann ging in den inneren Teil der Halle und trat vor den König. Er beugte sich ein wenig vor und grüßte den König mit tiefer Stimme.

Der König sagte: „Wie heißt Du, mein großer Mann?"

Da gab der Kapuzen-Mann Antwort, in dem er diese Verse sang:

„Fridthof („Friedendieb") heiße ich,
als ich mit den Wikingern fuhr;
Herthjof („Kriegsdieb"),
als ich die Witwen grämte;
Geirthjof („Speerdieb"),
als die Spitzen-Schäfte warf;
Gunnthjof („Schlachtendieb"),
als ich gegen die Könige zog;
Eythjof („Inseldieb"),
als ich die Schären plünderte;
Helthjof („Hel-Dieb"),
als ich die Babys emporschleuderte;
Valthjof („Totendieb"),
als ich höher als die Männer war.
Aber seitdem bin ich
mit Salzsiedern
umhergezogen,
mit armen Salz-Bauern,
bevor ich hierher kam."

Da sprach der König: „Du hast von vielen Dingen deinen Dieb-Namen hergeleitet; aber wo warst Du letzte Nacht? Und wo ist Deine Heimat?"

Da antwortete der Umhang-Mann: „Ich wurde in Anger („Trauer", „Wiese") geboren, mein Geist trieb mich hierher, aber meine Heimat ist nirgendwo."

Da sprach der König: „Es mag sein, daß Du eine Weile in Sorgen aufgewachsen bist, aber es könnte auch sein, daß Du in Frieden geboren worden bist.

Du mußt die letzte Nacht, scheint mir, im Wald verbracht haben, denn es gibt keinen Bauern hier in der Nähe, der Ulf („Wolf") heißt.

Aber wenn Du sagst, daß Du keine Heimat hast, meinst Du ohne Zweifel, daß Dir Deine Heimat unwichtig ist, da Dein Herz Dich hierher trieb."

Da sprach Ingeborg: „Geh', Dieb! Such' Dir ein anderes Nachtquartier und gehe ins Gästezimmer!"

Da sagte der König: „Ich bin alt genug, um die Sitze für meine Gäste anzuordnen. Komm', Fremder, lege Deinen Umhang ab und nimm an meiner anderen Seite Platz."

Da sprach die Königin: „Ja, Du bist schon beim Altersschwachsinn angekommen, wenn Du Bettler bittest, an Deiner Seite Platz zu nehmen!"

Da sprach Thjof: „Das ziemt sich nicht, Herr, es ist besser so, wie die Königin sagt. Ich mehr gewohnt, unter Salzsiedern zu sein als an der Seite von Herrschern zu sitzen."

Da sprach der König: „Tue, wie ich Dir gewiesen habe, denn ich denke, daß sich mein Wille diesmal durchsetzen muß."

Thjof legte seinen Umhang ab, unter dem er in einen blauen Kittel gekleidet war. Er trug einen kostbaren Ring an seiner Hand. Ein großer silberner Gürtel war um seinen Bauch gebunden. An seinem Gürtel hing ein großer Geldbeutel voller Silbermünzen und an seiner Seite hing ein Schwert. Aber auf seinem Kopf trug er eine große Fellmütze. Seine Augen blickten zurückhaltend und sein Gesicht war ganz struppig.

Da sprach der König: „Nun würde ich sagen, daß die Dinge so aussehen, wie wir sie uns wünschen. Gib' ihm, meine Königin, einen guten Mantel – aber einen solchen, wie diesem Mann ansteht!"

Die Königin antwortete: „Dein Wille soll geschehen, mein Herr, aber ich kann diesen Dieb nicht besonders leiden."

Da wurde ihm ein guter Mantel gegeben, den er anzog. Dannach setzte er sich auf den Hochsitz neben den König.

Das Gesicht der Königin errötete wie Blut, als sie den kostbaren Ring sah, aber sie war noch immer unwillig, mit ihm zu reden.

Der König war jedoch sehr frohgemut und sprach: „Einen kostbaren Ring trägst Du da an Deiner Hand und Du mußt eine lange Zeit Salz gesiedet haben, um ihn Dir zu verdienen."

Da gab Thjof die Antwort: „Dies ist die gesamte Erbschaft meines Vaters."

Der König sprach: „Vielleicht hast Du mehr als das, denn nur wenige Salzsieder gleichen Dir – so scheint mir das zu sein, falls nicht das hohe Alter allzuschnell in meine Augen kriecht."

So blieb Thjof den Winter über dort, von allen herrlich behandelt und von allen hoch geschätzt. Er war freigiebig mit seinen Münzen und mit allen fröhlich. Die

Königin sprach nur selten mit ihm, aber der König war stets fröhlich, wenn er mit ihm zusammen war.

I 7. h)   Ein Rätsel aus der Gesta danorum

Auch in dieser Historie befindet sich ein „Rätsel-Gespräch", das den Zweck hat, etwas zu verbergen und zugleich neugierig zu machen und den anderen dazu zu bewegen, nach etwas Bestimmten zu fragen.

In diesem Text wird deutlich, daß solche „Rätsel-Gespräche" sehr geschätzt wurden und eine gute Diskussion dieser Art hin und wieder auch einmal mit einem Goldring belohnt werden konnte.

In der Halle brannte ein loderndes Feuer, wie es die Jahreszeit erforderte, denn es war Mittwinter geworden. Um es herum saßen in verschiedenen Gruppen der König auf der einen Seite und die Berserker auf der anderen Seite.

Als sich Erik zu ihnen begab, begannen diese letzteren gruselige Töne wie Geheul auszustoßen.

Der König beendete diesen Lärm und sagte ihnen, daß die Klänge der Wildnis nicht in der Brust der Menschen sein sollten.

Erik fügte hinzu, daß es die Art der Hunde sei, daß alle zu heulen beginnen, wenn einer damit anfängt, und daß alle Menschen durch ihr Betragen ihre Herkunft und ihre Sippe verraten würden.

Als jedoch Koll, der der Hüter der Schätze war, die dem König gebracht wurden, ihn frug, ob er irgendwelche Geschenke mitgebracht hätte, holte er ein Stück Eis hervor, das er an seiner Brust verborgen hatte. Als er es dem Koll über die Feuerstelle hinweg reichte, ließ er es absichtlich in das Feuer fallen – so als ob es von der Hand des Empfängers gefallen wäre. Alle, die zugegen waren, sahen etwas kleines Glänzendes und ihnen schien, als ob geschmolzenes Metall in das Feuer gefallen wäre. Erik, der darauf beharrte, daß es durch die Unvorsichtigkeit dessen, der es nahm, fortgestoßen worden war, frug, welche Strafe für den Verlierer dieses Geschenkes angemessen sei.

Der König frug die Königin nach ihrer Meinung, die empfahl, nicht hinter den Worten des Gesetzes zurückzubleiben, die er erlassen hatte, durch die er eine Warnung gegeben hatte, daß all die, die Geschenke verloren haten, die ihm überbracht werden sollten, mit dem Tod bestraft werden sollten. Auch alle anderen sagten, daß die Strafe, die von dem Gesetz bestimmt worden ist, beibehalten werden sollte.

Da gab der König, dem geraten worden war, die Strafe als unausweichlich anzusehen, den Befehl, Koll zu hängen.

Da sprach Frode Erik wie folgt an: „O Du, der Du hier mit großem unverschämtem Gerede auftrittst, mit anmaßender und großspuriger Rede, was sagst Du, von wo und warum Du hierher gekommen bist?"

Erik antwortete: „Ich kam von den Rennes-Inseln und setzte mich bei einem Stein."

Frode erwiderte: „Ich frage Dich, wohin gingst Du als nächstes?"

Erik antwortete: „Ich ging von dem Stein fort und ritt auf einem Balken und machte häufig wieder Rast bei einem Stein."

Frode entgegnete: „Ich frage Dich, wohin Du als nächstes Deinen Weg gewandt hast und wo Dich die Nacht gefunden hat?"

Da sagte Erik: „Ich verließ eine Felsspalte, ich kam zu einem Felsen und lag wieder bei einem Stein."

Frode sagte: „Die Felsen lagen dort sehr dicht ..."

Erik antwortete: „Der Sand lag jedoch dichter, wie man leicht sehen kann ..."

Frode sagte: „Sag mir, was Deine Absichten waren und ob Du davon abgewichen bist."

Da sagte Erik: „Als ich den Felsen verließ, da mein Schiff auslief, fand ich einen Delphin."

Frode sagte: „Nun hast Du etwas Neues gesagt, obwohl diese beiden Dinge normal im Meer sind. Ich wüßte jedoch gerne, welchem Pfad Du danach gefolgt bist."

Erik antwortete: „Nach dem Delphin ging ich zu einem Delphin."

Frode sagte: „Die Delphin-Schar ist ein bißchen gewöhnlich."

Erik antwortete: „Sie schwimmen recht oft im Wasser."

Frode sagte: „Ich wüßte gerne, wohin Du nach Deiner mühsamen Reise verschlagen wurdest, nachdem Du die Delphine verlassen hattest."

Erik antwortete: „Ich kam schon bald zu dem Stamm eines Baumes."

Frode erwiderte: „Wohin hast Du dann als nächstes Deinen Weg gewandt?"

Da sagte Erik: "Von dem Stamm ging ich weiter zu einem umgestürzten Baumstamm."

Frode sprach: "Die Gegend muß voll von Bäumen gewesen sein, da Du stets die Häuser Deiner Gastgeber mit dem Namen 'Baumstamm' bezeichnest."

Erik erwiderte: "Es gibt dort eine sehr dichte Gegend im Wald."

Frode frug weiter: "Erzähle, wohin Du als nächstes Deine Schritte gewandt hast!"

Erik antwortete: "Ich lenkte meinen Weg noch oft zu den gefällten Stämmen des Waldes; aber als ich dort rastete, leckten Wölfe, die auf den Leichen von Menschen saßen, die Spitzen der Speere. Da wurde eine Speerspitze von dem Speerschaft des Königs geschlagen – und dies war der Enkel des Fridleif."

Frode sagte: "Ich bin verwirrt und weiß nicht, was ich von diesem Gespräch halten soll, denn Du hast meinen Geist mit dunklen Rätseln durcheinander gebracht."

Erik antwortete: "Du schuldest mir den Preis für diesen Wettstreit, der nun beendet ist, denn unter einem Schleier habe ich Dir verschiedene Dinge erklärt, die Du nicht verstanden hast. Denn mit dem Namen, den ich zuvor als 'Speerspitze' umschrieben habe, habe ich Odd ('Waffenspitze') bezeichnet, den meine Hand getötet hat."

Und als auch die Königin ihm den Palmzweig der Beredtheit und den Preis für den Fluß der Rede zusprach, nahm der König sofort einen Armreif von seinem Arm und gab ihn ihm als den verdienten Lohn und fügte hinzu: "Ich würde gerne von Dir selber Dein Gespräch mit Grep hören, in dem er sich schämte, offen zuzugeben, daß er besiegt sei."

Da sagte Erik: "Er wurde von der Scham für das Fremdgehen niedergeworfen, derer er angeklagt wurde, denn da er keine Verteidigung vorbringen konnte, gestand er, daß es das Fremdgehen mit Deiner Frau begangen hat."

Der König wandte sich zu Hanud und frug sie, mit welchen Gefühlen sie diese Anklage höre und sie gab ihre Schuld nicht nur durch einem Schrei zu, sondern zeigte in ihrem Gesicht ein errötendes Zeichen ihrer Schuld und offenbarte auf diese Weise deutliche Merkmale ihres Fehlgehens.
Der König, der nicht nur auf ihre Worte hörte, sondern auch die Zeichen in ihrem

Antlitz sah, aber Zweifel hatte, mit welchem Urteil er die Verbrecherin bestrafen sollte, ließ die Königin durch ihre eigene Wahl die Strafe bestimmen, die ihr Vergehen verdiente.

Die Königin bat den König um Verzeihung, die er ihr auch gewährte.

I 7. i)   Das Rätsel aus der Saga über Ragnar Lodenhose

In dieser Saga findet sich ein sehr anspruchsvolles Rätsel, das die Form einer Aufgabe hat, die völlig unmöglich erfüllbar zu sein scheint.
Kraka ist die Walküre Aslaug, die Tochter von Sigurd Fafnir-Töter und der Walküre Brünhild.

Es war während des Sommers, daß er seine Schiffe nach Norwegen wandte, denn dort hatte er viele Verwandte und Freunde und wollte sie besuchen.
Eines Abends kam er mit seinen Schiffen in einen kleinen Hafen; nicht weit von dort entfernt lag ein kleiner Bauernhof, der 'Spangarheid' genannt wurde; und dort in dem Hafen lagen sie diese Nacht vor Anker.
Und als der Morgen anbrach, gingen die Köche an Land, um Brot zu backen. Sie sahen, daß nicht weit entfernt ein Haus stand und es schien ihnen einfacher, dorthin zu gehen und ihre Arbeit dort zu verrichten.
Und als sie dorthin kamen, fanden sie jemanden, mit dem sie sprechen konnten – es war eine arme Frau und sie frugen sie, ob sie die Hausherrin sei und wie sie heiße.
Sie sagte, daß sie die Hausherrin sei, „und es soll euch nicht an meinem Namen mangeln. Ich werde Grima genannt, aber wer seid ihr?"
Sie sagten, daß sie die Lehensleute von Ragnar Lodbrök seien und daß sie hier ihre Arbeit verrichten wollten, „und wir wollen, daß Du mit uns arbeitest."
Die arme Frau antwortete, daß ihre Hände sehr steif seien, „aber in früheren Zeiten konnte ich meine Arbeit sehr gut tun; aber ich habe eine Tochter, die mit euch arbeiten kann und die bald nach Hause kommt und Kraka genannt wird. Aber es ist inzwischen so geworden, daß ich ihr kaum noch befehlen kann."
Kraka war am Morgen mit den Tieren hinausgegangen und hatte gesehen, daß viele große Schiffe an die Küste gekommen waren und daher hatte sie sich gewaschen. Doch die arme Frau hatte ihr verboten dies zu tun, denn sie wollte nicht, daß die Männer ihre Schönheit sahen, denn sie war die schönste aller Frauen und ihr Haar war so lang, daß es bis hinab zum Boden reichte und so schön wie die schönste Seide.
Und dann kam Kraka heim. Die Köche hatten ein Feuer entzündet und Kraka sah, daß Männer zu ihnen gekommen waren, die sie noch nie zuvor gesehen hatte. Kraka blickte auf sie und sie blicken auf Kraka.
Da frugen sie Grima: „Ist das eure Tochter, die wir hier sehen?"
„Es ist keine Lüge," sagte Grima, „Das ist meine Tochter, die ihr hier seht."
„Ihr zwei seid sehr unähnlich," sagten sie, „da Du so ungeheuerlich aussiehst. Wir haben noch kein so schönes Mädchen gesehen und wir sehen, daß sie in keiner Weise wie Du aussiehst, denn Du siehst so abscheulich aus."

Die Kombination der häßlichen, alten Frau mit der jungen, schönen Frau hat ihre

Wurzel in den zwei Aspekten der Jenseitsgöttin, die als Totengöttin die häßliche Hel und als Wiederzeugungs-Geliebte die schöne Freya ist.

Daraus sind in den späteren Erzählungen und Märchen verschiedene Varianten entstanden, von denen die „gute Tochter" und ihre „böse Stiefmutter" die beliebteste ist. Von ihnen ist vermutlich Schneewittchen und ihre Stiefmutter, die „böse Köngin" am bekanntesten. In diesem Märchen hat sich auch das Jenseits als das Land der Zwerge „hinter den sieben Bergen" (Hügelgräber) erhalten können.

Grima sprach: „Ihr könnt es mir nun nicht mehr ansehen, denn mein Aussehen ist nun sehr viel anders als es einst gewesen ist."

Da waren sie damit einverstanden, daß sie mit ihnen arbeitete.

Sie frug: „Was soll ich tun?"

Sie sagten, daß sie daß Brot rollen solle und sie würden es anschließend backen. Da begann sie zu arbeiten und sie arbeitete gut. Doch sie schauten sie alle ständig an und achteten nicht auf ihre Arbeit, sodaß ihr Brot anbrannte.

Und als sie ihre Arbeit beendet hatten, kehrten sie zu ihren Schiffen zurück. Und dort sagten alle, als sie das Mahl hervorholten, daß ihnen noch nie etwas so Schreckliches gegeben worden sei und daß die Köche dafür Strafe verdient hätten. Da frug Ragnar, warum sie solcherart gebacken hätten. Sie sagten, daß sie eine Frau gesehen hätten, die so schön sei, daß sie nicht auf ihre Arbeit geachtet hätten und daß sie nicht glaubten, daß es in der ganzen Welt noch eine schönere Frau geben würde.

Und als sie soviel über ihre Schönheit erzählt hatten, sagte Ragnar, daß er nicht glaube, daß es eine geben könne, die der Schönheit gleichen könne, die Thora besessen hatte. Sie antworteten, daß sie nicht häßlicher sei.

Da sprach Ragnar: „Ich muß wohl Männer hinschicken, die gut hinzusehen verstehen. Wenn es so ist, wie ihr sagt, dann soll euch eure Unachtsamkeit verziehen werden. Aber wenn die Frau in irgendeiner Weise häßlicher ist als ihr sagt, dann soll euch eine große Strafe auferlegt werden!"

Da sandte er seine Männer, diese schöne Frau zu finden. Der Gegenwind war so stark, daß sie an diesem Tag nicht auslaufen konnten.

Ragnar sagte zu seinen Boten: „Wenn euch diese Maid so schön zu sein scheint wie die Köche erzählt haben, dann sagt ihr, daß sie hierherkommen soll, um mich zu treffen, da ich mit ihr sprechen will; denn dann will ich, daß sie mein wird. Ich will, daß sie weder bekleidet noch unbekleidet ist, weder gespeist hat noch nicht gespeist hat, und weiterhin soll sie nicht alleine kommen, aber es soll sie auch niemand begleiten."

Da gingen sie bis sie zu dem Haus kamen und schauten sich Kraka genau an und sie fanden, daß sie noch nie zuvor eine solch schöne Frau gesehen hatten. Da sagten sie ihr die Worte ihres Herrn Ragnar und wie sie vorbereitet sein solle.

Kraka dachte darüber nach, was der König gesagt hatte und wie sie sich vorbereiten sollte, aber Grima dachte, daß es unmöglich sei und sagte, daß solch ein König nicht weise sein könne.

Kraka sprach (zu Grima): „Er muß dies gesagt haben, weil er dachte, daß es getan werden kann, wenn wir das Geschick haben, zu erkennen, was er gedacht hat."

(Und sie sprach zu den Boten:) „Ich kann nicht heute mit euch gehen, aber ich werde früh am nächsten Morgen zu eurem Schiff kommen."

Da gingen sie fort und berichteten Ragnar, was geschehen war und daß sie zu dem Treffen kommen würde.

Und in dieser Nacht war sie daheim. Und am frühen Morgen sagte Kraka dem armen Mann, daß sie nun gehen würde, um Ragnar zu treffen, „aber ich werde meine Kleidung verändern: Du hast ein Forellen-Netz und in das will ich mich einhüllen, und ich werde mein Haar darüber hängen lassen und ich werde auf diese Weise nirgendwo nackt sein. Und ich werde ein wenig von einem Lauch abbeißen – das ist wenig Speise, aber es wird so sein, daß ich gegessen habe. Und ich will, daß mich euer Hund begleitet – so werde ich nicht alleine sein, auch wenn mich kein Mensch begleitet."

Und als die alte Frau ihren Plan erfuhr, fand sie, daß sie sehr geschickt sei.

Und als Kraka sich vorbereitet hatte, ging sie ihres Weges bis sie zu dem Schiff kam, und sie war schön anzusehen, da ihr Haar hell leuchtete und wie Gold war.

Da rief Ragnar sie zu sich und frug, wer sie sei und wen sie finden wolle.

Sie antwortete und sprach diese Verse:

„Ich habe nicht gewagt, mich Deiner Bitte zu widersetzen,
Ragnar, als Du mich batest,
zu dem Treffen mit Dir zu kommen,
und ich habe auch nicht das Gebot des Königs gebrochen.
Kein Mensch ist bei mir,
mein Leib ist nicht offen enthüllt,
ich habe ein Gefolge,
aber ich komme ganz allein."

Da sandte er Männer, zu ihr zu gehen und sie auf sein Schiff zu begleiten. Aber sie sagte, daß sie nicht zu kommen wünsche, wenn nicht ihr und ihrem Begleiter ein Friedens-Versprechen gegeben werde.

I 7. j) Das Rätsel aus der Saga über Kampf-Glum

Die folgenden Stelle aus der Glum-Saga ist eigentlich kein echtes Rätsel, sondern eher eine geschickte ausweichende Antwort mithilfe eines Wortspiels.

„Was ist Dein Name?" frugen sie.
„Ich werde," sprach er, „im Myvath-Bezirk 'Fülle' genannt, aber die Leute in Fiskeläk nennen mich 'Mangel'."
Sie antworteten: „Du machst Dir einen Spaß mit uns!"
Doch er antwortete, daß er ihnen nichts Wahreres erzählen könnte als das, was er gesagt habe. Da trennten sie sich.
Nach diesem Gespräch ritt er so schnell er konnte, zu seinen eigenen Männern zurück.
Glums Leute kamen zu ihm und erzählten ihm, daß sie einen Mann getroffen hatten, der ihnen mit einem Scherz geantwortet hatte und erzählten ihm, wie sein Name gelautet hatte.
„Da habt ihr einen großen Fehler begangen," sprach Glum, „denn das war Skuta selber, den ihr da getroffen habt. Was hätte er sagen können, was wahrer gewesen wäre? Im Myvatn-Bezirk gibt es viele Höhlen und im Fiskeläk-Bezirk gibt es keine. Er ist uns sehr nahegekommen und wir müssen ihm sofort nachreiten."

Der Mann mit dem Namen Skuta hat sich in seinem ausweichenden Wortspiel darauf bezogen, daß sein Name „Skuta" auch „Höhle" bedeutet und die Skuta-Sippe im Myvatn-Bezirk wohnt und es dort viele Höhlen gibt – und in dem Fiskeläk-Bezirk gibt es weder Höhlen noch wohnt dort jemand von der Skuta-Sippe.

Dieser doppeldeutige Aufbau ist auch das Grundprinzip vieler Rätsel.

I 7. k)   Das Rätsel aus dem Chronicon Lethrense

Das Rätsel in dieser Sage ist genau genommen kein Rätsel, sondern eine schwierige „verbale Aufgabe", die jedoch sehr einem Rätsel gleicht. Sie ähnelt der (scheinbar) unerfüllbaren Aufgabe aus der Saga über Ragnar Lodbrök.

Der Tyr-Riese Hler, also der ehemalige Göttervater in der Wasserunterwelt bzw. auf der Jenseitsinsel in der Wasserunterwelt, wird in dieser Chronik „Lä" oder „Lee" genannt. Entsprechend heißt die Insel Hlesey hier „Läsø" oder „Lee-Insel".

Da sandte König Hakon von Schweden den Dänen einen kleinen Hund als König – mit der Warnung, daß der, der als erster sagen würde, daß der Hund tot ist, sein Leben verlieren würde. Eines Tages saß das Hündchen an der Tafel und die großen Hunde balgten sich auf dem Fußboden. Als das Hündchen von der Tafel herabsprang, bissen die großen Hunde es zu Tode. Und niemand wagte es, König Hakon davon zu erzählen.

Da befahl der Riese Lee von der Lee-Insel seinem Hirten Snio („Schnee"), sich das Königreich von Hakon zu holen. Als Snio zu König Hakon kam, frug ihn dieser nach den Neuigkeiten.

Snio antwortete: „Die Bienen in Dänemark sind alle betäubt."

Da sprach König Hakon: „Wo hast Du letzte Nacht geschlafen?"

Snio antwortete dem König: „Dort, wo die Schafe die Wölfe fressen."

„Wie das?"

„Weil der Wolf gekocht und den Schafen als Heilmittel zu trinken gegeben wurde."

„Wo hast Du die Nacht davor geschlafen?"

„Dort, wo der Wolf den Karren fraß und die Pferde davongelaufen sind."

„Wie kann das sein?"

„Weil drei Biber Holz sammelten und einer von ihnen, der der Diener oder Biber-Leibeigener genannt wurde, mit ausgestreckten Beinen auf dem Boden zusammenbrach. Die anderen Biber legten das Holz zwischen seine Beine und gingen vor ihm her und zogen ihn wie Ochsen einen Karren. Die Wölfe kamen und fraßen den Biber-Leibeigenen, der das Holz zwischen seinen Beinen hatte; und die Biber, die ihn zogen, rannten fort."

„Wo hast Du in der dritten Nacht geschlafen?" frug der König.

Snio antwortete: „Dort, wo die Mäuse die Axt-Klinge, aber nicht den Stil fraßen."

„Wie das?"

„Weil Kinder eine Axt-Klinge aus weißem Käse gemacht hatten. Die Mäuse fraßen diese, aber nicht den Stock, aus dem sie den Axt-Stil gemacht worden war."

Da frug der König nach den Neuigkeiten.

Snio antwortete: „Die Bienen in Dänemark sind alle betäubt."

„Der Hund ist tot!"

„Das hast Du gesagt, nicht ich," sprach Snio und so wurde er König von Dänemark – ein hinterhältiger und sehr strenger Richter, und bösartig dazu, der sich viele Dinge auf unlautere Weise erwarb und alle sehr unterdrückte.

Ein Mann, den der König unterdrückte, wurde Roth („der Rote") genannt. Roth wehrte sich gegen ihn. Aus purer Bosheit sandte der König ihn zu Lee dem Riesen, damit er diesen frug, welchen Tod Snio sterben werde. Snio (wußte, daß Lee den Roth zu einem Rätselkampf herausfordern würde und) *hoffte, daß Lee den Roth* (der den Wettstreit, wie Snio glaubte, verlieren würde) *töten würde.*

So brachte Roth Lee dem Riesen die Grüße des Königs (und frug ihn nach der Art des Todes, die Snio sterben würde). *Lee weigerte sich jedoch, Roth die Antwort zu geben, bevor Roth ihm nicht drei wahre Dinge sagen würde.*

Roth sagte ihm, daß er niemals dickere Wände als an Lees Haus gesehen habe; zweitens, daß er noch nie einen Mann mit so vielen Köpfen gesehen habe; und drittens, daß er, wenn er jemals von hier fortkommen sollte, niemals den Wunsch haben würde, hierher zurückzukehren. Und so rettete er sein Leben.

Da sandte der Riese Lee dem König zwei Handschuhe. Und als König Snio eine Versammlung in Jütland leitete, zog er diese Handschuhe an – und wurde von Läusen zu Tode gefressen.

Diese in Schweden weit verbreitete Geschichte über den Hunde-König klingt zwar etwas seltsam, aber sie enthält doch einige interessante Hinweise auf den Charakter des Hler:

1. *Der Riese Lee befiehlt seinem Hirten Snio, König von Dänemark zu werden.* Der Meeres-Riese Hler scheint die Macht zu haben, einen neuen König einzusetzen. Diese Macht gehört zu dem Sonnengott-Göttervater, d.h. ursprünglich zu Tyr und zur Zeit der Edda zu Odin.

Es besteht somit der Verdacht, daß Hler der Sonnengott-Göttervater in der Unterwelt ist oder einen Teil von dessen Mythen und Funktionen übernommen hat, weil der Sonnengott-Göttervater nachts in der Wasserunterwelt weilt.

2. *Snio sendet Roth zu Lee, damit dieser Snios Todesart erfragt und bei dem dafür erforderlichen Rätselkampf stirbt.* Es sieht so aus, als ob Hler auch die Art des Todes eines Königs und somit wohl auch den Zeitpunkt seines Todes bestimmen würde. Diese Macht und Autorität hat in den germanischen Sagas ansonsten Odin.

Dieses Motiv bestätigt somit den engen Zusammenhang zwischen Hler und Odin.

3. *Roth muß in dem Rätselkampf drei wahre Dinge sagen.* Dieses Motiv ist vor allem von den Kelten gut bekannt, die mit den Germanen nah verwandt sind. In den keltischen Mythen ist das „Sagen dreier wahrer Dinge" ein Teil der Jenseitsreise und

des Kochens des Opfermahles in einem Ritual – ohne das Aussprechen dreier wahrer Dinge wird das Fleisch nicht gar.

Genau dieselbe Szene findet sich auch in dem germanischen Gedicht „Haustlöng" beschrieben: Odin, Hönir und Loki braten in einem Erdofen neben einem Altar unter dem Weltenbaum einen Stier als Opfermahl. Der Adler Thiazi, der auf der Eiche sitzt, verhindert jedoch, daß das Fleisch gar wird. Thiazi ist eine der vielen Namensvarianten des Göttervaters Tyr, dessen Seelenvogel wie bei den Göttervätern aller Indogermanen der Adler ist. Es handelt bei dieser Szene also um ein Opfermahl für den Göttervater Tyr.

Der Göttervater ist derjenige, der auch der Beschützer des Königs ist. Zu ihm nimmt der neue König in der Jenseitsreise bei seiner Krönung Kontakt auf, um den Segen des Göttervaters zu erhalten. Das „Sprechen der drei wahren Dinge" wird daher auch aus dem Krönungsritual stammen, das als Variante des Einweihungsrituales der Schamanen-Priester entstanden ist.

Das „Sprechen dreier wahrer Dinge", damit das Opferfleisch gar wird, findet sich z.B. in der keltischen Geschichte der Reise des Königs Cormac ins Jenseits zu dem Sonnengott-Göttervater Lugh.

I 7. l) Das Rätselraten in Gylfis Vision

In dieser Übersicht über die germanischen Mythen berichtet Snorri Sturluson einen Brauch, der beim Rätselraten üblich war:

König Gylfi sah drei Hochsitze, einen über dem andern, und auf jedem saß ein Mann. Er frug, wie die Namen dieser Häuptlinge wären.

Sein Führer antwortete, der, der in dem untersten Hochsitz sitze, sei ein König und heiße Har (der Hohe); *der im nächsten heiße Jafnhar* (der Ebensohohe), *und der im obersten heiße Thridi* (der Dritte).

Da frug Har den Ankömmling, aus welchem Grund er komme, und fügte hinzu, Essen und Trinken stehe für ihn bereit wie für alle in Hars Halle.

König Gylfi sagte aber, zuvor wolle er ihn befragen, ob es da wohl einen weisen Mann gebe.

Har sagte, er komme nicht heil heraus, wenn er nicht weiser sei.

„*Steh du, indem du fragst;*
Der Antwort sagt, soll sitzen."

I 8. Zusammenfassung

Die Rätsel der Germanen sind fast ausschließlich durch die rein germanischen Rätsel des Königs Heidrek sowie durch die zwar in altangelsächsischer Sprache verfaßten, aber von ihrer Herkunft her germanisch-keltisch-lateinisch-griechischen Rätsel aus dem Exeter-Buch bekannt.

In einem Rätsel wird eine nicht genannte Sache durch ein Gleichnis beschrieben, sodaß für die Zuhörer zunächst unklar ist, worüder der Rätselsteller eigentlich spricht. Erst durch das Erfassen der Analogie kann die Lösung gefunden, d.h. das Beschriebene erkannt werden.

Die Entstehung des Rätsels hat fünf Schritte:

1. das Wissen über die Welt, das z.T. mithilfe von Mythen formuliert wird;
2. die Formalisierung dieses Wissens in bestimmten Geschichten, Versen und Liedern;
3. der formalisierte Frage-Antwort-Dialog, der ursprünglich eine Art Wissens-Test gewesen sein könnte, durch die die Prister-Sänger ihre Lehrlinge prüften;
4. die Einbettung solcher Dialoge, einzelner Rätsel oder Rätsel-Aufgaben (unmöglich scheinende Handlungen) in andere Geschichten, in denen die Antworten manchmal den nächsten Schritt des Helden oder der Heldin ermöglichen; und
5. die Umwandlung solcher Dialoge in geistige Geschicklichkeitsspiele, bei deren Entstehung sicherlich die Kenningar („Mini-Rätsel") mitgewirkt haben werden.

6. Aus diesen Rätseln entstand schließlich dadurch, daß man Rätsel schuf, deren Lösung ein intensives Geühl (Sex, Tod, Schadenfreude u.ä.) enthielt und deren Lösung der Rätselsteller schließlich selber vortrug, der Witz.

Schließlich wurden Rätsel auch dafür benutzt, um auf elegante Weise ein Antwort zu verweigern, wenn man von einem Mächtigen etwas gefragt wurde, aber nicht die Wahrheit sagen wollte.

Man kann Rätsel, Witze, Kenningar, Weisheiten, Sprichworte und zum Teil auch Personennamen als „Mini-Mythen" auffassen, da sie alle gleichnishafte Beschreibungen der Welt sind.

II Rätsel in der indogermanischen Überlieferung

II 1. Rätsel bei den Kelten

Die bereists mehrfach erwähnte Sturm-Anrufung des Barden-Druiden Taliesin ist von ihrer Form herzu einem großen Teil ein Rätsel.

Da sang Taliesin folgendes Lied:

„*Ihr kümmerlichen Barden,*
durch sanften prophetischen Druck
versuche ich mir so gut ich kann, den Preis zu sichern;
Ich strebe danach, den Verlust,
den ich erlitten habe, wieder zurückzuholen;
Ich hoffe damit erfolgreich zu sein,
weil Elphin in der Festung von Teganwy Kummer erleidet.
Mögen ihn nicht zu viele Ketten und Fesseln binden;
den Thron von Teganwy werde ich wieder aufsuchen.
Von meinem Schutzgeist unterstützt bin ich machtvoll;
Ich erschaffe eine große Macht,
denn in dem Lied, das ich singe,
sind dreihundert Lieder und mehr miteinander verwoben.
Da, wo ich bin, sollte lieber kein Stein und kein Ring stehen
und um mich her sollte lieber kein Barde sein,
der nicht weiß, daß Elphin, Sohn des Gwyddno im Land von Artro ist
– gefesselt mit dreizehn Schlössern –
und den preist, der den Befehl dafür gab.
Ich, Taliesin, der oberste Barde des Westens,
werde Elphin aus seiner goldenen Fessel befreien.
Wenn ihr Barden vom höchsten Rang seid
und das Wissen über die Welt besitzt,
dann erläutert die Geheimnisse über die Bewohner dieser Welt:
Es gibt ein unheilbringendes Wesen,
das aus der Festung Satans kommt,
das alles zwischen dem Tiefen und dem Flachen unterworfen hat;
sein Maul ist genauso weit wie die Berge der Alpen
– dieses Wesen kann der Tod nicht unterwerfen
und auch keine Hand und keine Klinge.
In den Haaren seiner zwei Klauen

kleben neunhundert Wagenladungen Erde;
in seinem Haupt ist ein Auge
– grünlich wie ein durchsichtiger Eiszapfen;
drei Quellen entspringen aus seinem Nacken
und in ihrem Wasser rollen Sturmwogen dahin
– dort starben die Stiere des wasserreichen Deivrdonwy.
Die Namen der drei Quellen in der Mitte des Ozeans:
Eine läßt das Salzwasser aus der Corina fließen
und erschafft die Fluten des Meeres,
die auch wieder in sie hinein verebben;
die zweite fällt auf uns herab,
wenn sie im herniederschüttenden Himmel regnet;
die dritte erscheint in den Adern der Berge
als ein Feuerstein-Festessen.
Sie sind das Werk des Königs aller Könige.
Ihr stümperhaften Barden, die ihr voller Sorge seid:
Ihr könnt nicht das Königtums der Briten preisen!
Ich, Taliesin, der oberste Barde des Westens,
werde Elphin aus seiner goldenen Fessel befreien.
Schweigt, ihr unglücklichen, reimenden Barden,
denn ihr könnt nicht Wahrheit von Falschheit unterscheiden.
Wenn ihr Barden vom höchsten Rang seid,
die vom Himmel geformt wurden,
dann sagt eurem König, was sein Schicksal sein wird!
Ich bin der Seher und der oberste Barde
und ich kenne jeden Weg in dem Land eures Königs.
Ich werde Elphin aus dem Bauch des steinernen Turmes befreien
und ich werde eurem König sagen, was ihm geschehen wird.
Ein sehr seltsames Wesen wird als Strafe für den Frevel
aus den Sümpfen am Meeresstrand von Rhianedd kommen
und Maelgwn Gwynedd heimsuchen!
Seine Haare, seine Zähne und seine Augen sind golden,
und es wird Vernichtung über Maelgwn Gwynedd bringen!
Schaut euch an, welch ein Wesen aus der Zeit vor der Sintflut dies ist:
ohne Fleisch, ohne Knochen,
ohne Adern, ohne Blut,
ohne Kopf, ohne Füße;
Es ist weder jünger noch älter als der Anfang.
Aus Angst vor einer Ablehnung
wurden von diesem Wesen noch nie etwas grob verlangt.

Großer Gott! Wie das Meer erblaßte, als es das erste Mal erschien!
Riesig sind die Böen, wenn es aus dem Süden kommt,
riesig ist die Gischt, wenn es auf die Küste trifft,
es ist in den Feldern, es ist im Wald,
es ist ohne Hand und ohne Fuß,
es ist ohne ein Zeichen des Alters,
obwohl es zu allen fünf Zeitaltern lebte
– und noch länger: die Jahre sind unzählbar.
Es ist so weit wie die Oberfläche der Erde
und es wurde nie geboren und nie gesehen.
Ich werde Fassungslosigkeit verursachen, wo immer Gott es will.
Im Meer, auf dem Land sieht man es nicht und wird es nicht gesehen.
Sein Weg ist krumm
und es wird nicht kommen, wenn man nach ihm verlangt.
Auf dem Land und auf dem Meer ist es unverzichtbar.
Es ist ohne seinesgleichen, es hat vier Seiten;
es ist unbegrenzt, es ist unvergleichlich;
es kommt aus den vier Richtungen,
es nimmt keinen Rat und es gibt keinen Rat.
Es setzt seine Reise fort über den Marmor-Felsen.
Es ist klangvoll, es ist taub,
es ist mild, es ist stark, es ist kühn,
wenn sein Blick über das Land streift.
Es ist schweigend, es ist klingend, es ist lärmend,
es ist das geräuschvollste auf der Erde.
Es ist gut, es ist böse, es ist das Allerzerstörerischste.
Es ist verborgen, denn Blicke können es nicht erfassen.
Es ist verderblich, es ist segensreich,
es ist dort und es ist hier,
es wird zerstückeln, aber nicht den Schaden heilen.
Es wird nicht für seine Taten leiden,
denn es ist ohne Tadel,
es ist naß und es ist trocken,
es kommt oft aus der Hitze der Sonne heraus
und aus der Kälte des Mondes.
Der Mond ist weniger segensreich, denn seine Hitze ist kleiner.
Ein Wesen hat es aus allen Lebewesen heraus erschaffen
– damit es mit einer einzigen Bö
die Vernichtung über Maelgwn Gwynedd bringt!"
Während Taliesin dieses Lied sang, erhob sich ein so gewaltiger Sturm, daß der

König und alle seine Edlen fürchteten, daß die Burg über ihren Köpfen zusammenbrechen
werde. Da ließ der König voller Angst Elphin aus dem Turm holen und Taliesin befreite ihn mit einem Vers von allen seinen Fesseln.

Das zunächst sehr merkwürdig anmutenden Strophen des Liedes des Taliesin entpuppen sich nach und nach als eine bilderreiche, poetische und sehr wirkungsvolle Anrufung des Windes: Das von Taliesin beschriebene unglaubliche Ungeheuer ist der Sturm.

Dieser Wind wird aus dem Wasser der Unterwelt und aus der Sonne heraus geboren – deshalb ist das Monster golden.

Die drei Quellen erinnern an die dreifachen Schicksalsgöttinnen in der Wasserunterwelt und an den dreifachen Cernunnos auf den gallisch-römischen Stelen.

Das eine Auge wird zunächst die Sonne sein, aber es erinnert auch daran, daß die Druiden beim Zaubern eines ihrer Augen schlossen.

Der „Barde des Westens" ist wohl ein Hinweis darauf, daß Taliesin durch eine Jenseitsreise eingeweiht wurde, da das Tor zum Jenseits im Westen liegt, wo die Sonne untergeht. Durch diese Reise hat Taliesin auch den Kontakt zu den Göttern und den Ahnen erlangt, die ihm nun das Ausüben seiner Magie ermöglichen. Die Betonung dieser Jenseitsreise läßt vermuten, daß die Barden des Königs keine solche Einweihung hatten und somit aus der Sicht des Taliesin auch keine richtigen Druiden-Barden waren.

Mit dem Schutzgeist, unter dessen Obhut Taliesin steht, könnte seine Seele gemeint sein, aber es könnte sich dabei auch um einen weniger persönlichen Geist handeln.

Die Verse des Taliesin integrieren die Bilder aus der Bibel, die sie neu kennengelernt hatten, in die Tradition der Druiden und Barden.

Taliesin ist offensichtlich auch in der Geschichte der Länder des Mittelmeerraumes gut bewandert.

II 1. <u>Rätsel bei den Römern</u>

Von den Römern sind erst aus der nachchristlichen Zeit in größerem Umfang Rätsel bekannt.

Um ca. 300 n.Chr. hat Lactanius, ein christlicher Schriftsteller, ein Buch verfaßt, das 100 Rätsel enthält, die auf deutlich ältere Rätsel zurückgehen.

II 2. Rätsel bei den Indern

Die Rätsel im ersten Buch des Rig-Veda sind gleichnishafte Schilderungen, bei denen der Hörer erraten muß, worauf sich das Gleichnis bezieht und was es konkret bedeutet.

Rig-Veda 8, 29:

Der eine, braun, veränderlich, ein edler Jüngling, legt sich goldene Farbe auf.
    (die ausgepreßte Soma-Pflanze)
Der eine hat sich leuchtend in seinen Mutterschoß gesetzt, der Weise unter den Göttern.
    (der Soma-Saft in der Schale)
Der eine trägt das eherne Messer in der Hand, der unter den Göttern der Seßhafte ist.
    (Agni?)
Der eine trägt die in die Hand gelegte Keule; mit der erschlägt er die Vritra's.
    (Indra)
Der eine trägt in der Hand die spitze Waffe, rein, gewaltig, mit kühlendem Heilmittel.
    (?)
Der eine bewacht die Wege wie ein Räuber; er kennt die verborgenen Schätze.
    (Mitra?)
Der eine, weitschreitend, hat die drei Schritte gemacht, da, wo die Götter schwelgen.
    (Vishnu)
Zwei fahren mit Vogelrossen mit einer zusammen; wie zwei Reisende gehen sie auf Reisen.
    (die beiden Ashvins)
Zwei haben als Allherrscher zuoberst im Himmel sich den Sitz bereitet; sie bekommen flüssiges Schmalz als Trank.
    (die beiden Ashvins?)
Die einen haben singend das große Saman erdacht; damit ließen sie die Sonne erstrahlen.
    (Brahmanen?)

Diese Rätsel waren zum Teil sehr komplex und die Fragen in ihnen bezogen sich wie in dem germanischen Wafthrudnir-Lied oder in dem Alwis-Lied auf verschiedene Dinge:

Rig-Veda 1,164:

*Dieses liebenswerten altersgrauen Hotri, dessen mittlerer Bruder ist der Hungrige.
Sein dritter Bruder trägt Schmalz auf dem Rücken. In diesem erschaute ich den
Stammherrn mit sieben Söhnen.*
    (die Opferpriester)
*Sieben schirren den einrädrigen Wagen an; ein Pferd zieht ihn, das sieben Namen
hat.*
    (sieben Planeten?)
*Dreinabig, niemals altersschwach, unübertroffen ist das Rad, auf dem alle diese
Wesen stehen.*
    (Sonnenrad)
*Während sieben diesen Wagen bestiegen haben, ziehen sieben Rosse den
siebenrädrigenWagen.
Sieben Schwestern schreien ihm zu, in dem die sieben Namen der Kühe niedergelegt
sind.
Wer hat den zuerst Geborenen gesehen, da die Knochenlose den Knochigen trägt? Wo
ist denn der Erde Lebensgeist, Blut und Seele?*
    (die Welteninsel im Urmeer)
*Wer trifft einen Wissenden um danach zu fragen?
Als Tor, der in seinem Verstand sich nicht auskennt, frage ich nach den darin
hinterlassenen Spuren der Götter.
An dem ausgewachsenen Kalbe zogen die sieben Seher sieben Fäden auf, um daran
zu weben.
Als Unkundiger befrage ich darüber die kundigen Seher um es zu wissen, selbst nicht
wissend.
Was ist denn ferner das Eine in Gestalt des Ungeborenen, der diese sechs Welträume
auseinander gestemmt hat?*
    (Weltenbaum)
*Hier soll sie sagen, wer sie gewiß kennt, die hinterlassene Spur dieses liebwerten
Vogels.
Aus ihrem Haupt geben die Kühe Milch. Körperform annehmend haben sie das
Wasser mit dem Fuß getrunken.*
    (Pflanzen?)
*Die Mutter macht den Vater seines Rechtes teilhaft, denn sie hatte sich zuvor in ihrem
Sinnen und Denken mit ihm geeinigt.*
    (Himmel und Erde)
*Die Spröde ward durchbohrt, von Feuchtigkeit befruchtet. Ehrfurchtsvoll kamen sie
ihn zu ermuntern.
Die Mutter war ins Joch der Daksina eingespannt, das Kind stand unter den ....*

Das Kalb brüllte, es sah sich nach der Kuh um, nach der Allfarbigen, drei Wegstrecken weit.
Drei Mütter, drei Väter trägt der Eine und steht doch aufrecht da; nicht ermatten sie ihn.
Auf dem Rücken jenes Himmels ersinnen sie die allwissende Rede, die nicht einen jeden bewegt.
Dies zwölfspeichige Rad der Zeitordnung dreht sich immer wieder um den Himmel, denn es kann sich nicht abnutzen.
Darauf stehen, o Agni, die Söhne paarweise, siebenhundert und zwanzig.
Sie bezeichnen als Vater den fünffüßigen, zwölfteiligen, der auf der entfernten Seite des Himmels im Vollen sitzt.
Aber diese anderen sagen, daß es der Hellsichtige auf der unteren Seite sei, der auf den siebenrädrigen, sechsspeichigen Wagen gesetzt ist.
Auf dem fünfspeichigen Rade, das sich im Kreis dreht, auf dem stehen alle Wesen.
Seine Achse wird nicht heiß, obwohl sie viele Lasten trägt. Seit Alters bricht sie nicht mitsamt der Nabe.
   (Erdachse)
Das Rad dreht sich ohne abzunutzen mitsamt der Felge; zehn ziehen an die waagerechte Deichsel angespannt.
Das Auge der Sonne geht, auch wenn es in Dunst gehüllt ist. Darauf sind alle Wesen gesetzt.
Sie sagen, daß der Siebente unter den Paarweise geborenen ein Einling ist. Sechs sind Zwillinge, gottgeborene Rishi's werden sie genannt.
Deren Liebe, nach der Ordnung festgestellte Tage bewegen sich zitternd wie die Speichen, während er feststeht, indem sie sich der Form nach verändern.
Die eigentlich Frau sind, bezeichnen sie mir als Männer. Wer Augen hat, sieht sie; nicht errät es der Blinde.
Der Sohn, der ein Seher ist, der kennt sie. Wer diese errät, der soll der Vater des Vaters sein.
Unterhalb des jenseitigen Raumes, jenseits dieses unteren hat sich die Kuh erhoben, die mit ihrem Fuß ein Kalb trägt.
Wohin hat sie sich gewendet? Nach welcher Seite ist sie verzogen? Wo gebiert sie denn? Denn sie ist nicht in der Herde.
Wer, der den Vater dieses Kalbes unterhalb des jenseitigen Raumes, jenseits dieses unteren kennt, kann es hier verkünden, als Seher sich erweisend, woher der göttliche Geist entsprungen ist?
Die Kommenden nennen sie die Gehenden, die Gehenden nennen sie die wieder Kommenden.
Die ihr beide, Soma und Du Indra, geschaffen habt, die ziehen am Joch der Welt wie angeschirrte Rosse.

Zwei Vögel, eng verbundene Kameraden, umklammern den gleichen Baum. Der eine von ihnen ißt die süße Beere, der andere schaut ohne zu essen zu.
Dort, wo die Vögel, ohne zu ruhen, nach einem Anteil an der Unsterblichkeit, nach Weisheit schreien,
da ist der mächtige Hüter der ganzen Welt, der Weise in mich Toren eingegangen.
Wo die süße Frucht essenden Vögel alle nisten und ausbrüten, im Wipfel dieses Baumes ist, wie sie sagen, die süße Beere.
Zu der langt nicht hinan, wer nicht den Vater kennt.
Nur die haben die Unsterblichkeit erlangt, die wissen, daß der Gayatrifuß auf dem Gyatrilied beruht,
oder daß der Tristubhfuß aus dem Tristubhlied herausgebildet wurde, oder daß der Jagatfuß auf dem Jagatlied beruht.
Nach dem Gyatrifuß bildet er die Gesangesstrophe, nach der Gesangesstrophe die Sangesweise, nach dem Tristubhfuß die Sprechstrophe,
nach der zweifüßigen, der vierfüßigen Sprechstrophe das vorgetragene Lied. Mit der Silbe bilden sie die sieben Stimmen.
Mit der Jagatweise festigte er den Strom am Himmel, im Rathantara entdeckte er die Sonne.
Sie sagen, daß das Gayatriversmaß drei Brennhölzer habe. Darum überragt es die anderen Metren an Macht und Größe.
Ich locke diese gutmelkende Kuh heran und der Melker mit geschickter Hand soll sie melken.
Die beste Weisung soll uns Savitri geben. Der Milchkessel steht am Feuer. Dies melde ich fein.
Schnüffelnd und ihr Kalb im Gedanken suchend ist die Herrin der Schätze herzugekommen.
Diese Kuh soll ihre Milch für die Asvin geben; sie soll sich zu großem Glücke mehren.
Die Kuh blökte nach dem Kalb, das die Augen öffnet, seinen Kopf beschnüffelte sie, um zu blöken.
Nach dem heißen Maule des Kalbes verlangend blökt sie ihr blöken. Sie strotzt von Milch.
Er summt, von dem die Kuhmilch umschlossen wird; sie blökt ihr Blöken, an das sprühende Feuer gesetzt.
Durch ihr Geknatter macht sie ja, daß der Sterbliche sich duckt. In den Blitz sich verwandelnd streifte sie ihre Hülle zurück.
Atmend ruht das Leben und ist doch schnellen Ganges, sich regend und doch fest inmitten der Flüsse.
Die Seele des Toten wandert nach eigenem Ermessen. Die unsterbliche Seele ist gleichen Ursprungs mit dem Sterblichen.

Ich sah den Hirten auf seinen Wegen hin und her gehen ohne zu rasten. Er hüllte sich in die Gewässer,
die in gleicher und in entgegengesetzter Richtung laufen und bewegt sich hin und her in den Geschöpfen.
Wer ihn hervorgebracht hat, der kennt ihn nicht; wer ihn gesehen hat, dem entschwindet er.
In den Schoß der Mutter eingehüllt ist er der Vernichtung verfallen, während er viele Nachkommen hat.
Der Himmel ist mein Vater, der Erzeuger, dort ist mein Nabel. Diese große Erde ist meine Sippe, die Mutter.
In diesen hat der Vater die Leibesfrucht der Tochter gelegt.
Ich frage Dich nach der äußersten Grenze der Erde, ich frage Dich, wo der Nabel der Welt ist?
Ich frage Dich nach dem Samen des Hengstes, ich frage Dich nach dem höchsten Inbegriff der Rede.
„Diese Vedi ist die äußerste Grenze der Erde; dieses Opfer ist der Nabel der Welt.
Dieser Soma ist der Same des Hengstes, dieser Brahmanpriester ist der höchste Inbegriff der Rede."
Sieben Halbsöhne sind beschäftigt, nach Vishnu's Weisung den Samen der Welt zu verteilen.
Sie überragen an Gedanken und Verstand allenthalben, diese überragenden Weisen.
Ich verstehe nicht, was dem vergleichbar ist, was ich bin. Ich wandele, heimlich mit dem Denken ausgerüstet.
Sobald der Erstgeborene der Weltordnung über mich gekommen ist, da erlange ich Anteil an dieser Rede.
Rückwärts, vorwärts geht er durch Eigengesetz festgehalten. Der Unsterbliche ist gleichen Ursprungs mit dem Sterblichen.
Diese beiden gehen beständig nach verschiedener Richtung auseinander. Wenn man den einen wahrnimmt, nimmt man den anderen nicht wahr.
Wer die Silbe Ric nicht kennt, auf der im höchsten Raum alle Götter ihren Sitz haben, was will der mit der Ric anfangen?
Die sie kennen, die sitzen hier beisammen.
So mögest Du denn auf guter Weide grasend glücklich sein und auch wir möchten glücklich sein.
Friß allezeit Gras, o Kuh, trink reines Wasser, zur Tränke kommend!
Die Büffelkuh hat gebrüllt, Wasserfluten hervorbringend, einfüßig, zweifüßig, vierfüßig, achtfüßig, neunfüßig geworden, tausendsilbig im höchsten Raum.
Von ihr strömen Meere aus, davon leben die vier Weltgegenden. Davon strömt das Unvergängliche aus, von dem zehrt alles.
Ich sah von ferne den Düngerrausch in der Mitte jenseits dieses unteren Raumes.

Die Männer brieten sich den bunten Stier. Dies waren die ersten Bräuche.
Drei Langhaarige lassen sich zu bestimmter Zeit blicken: Der eine unter ihnen schert im Laufe des Jahres ab;
der eine überschaut nach Kräften das All; von dem einen nimmt man die Geschwindigkeit wahr, nicht die Gestalt.
Auf vier Viertel ist die Sprache bemessen; die kennen die nachsinnenden Brahmanen.
Die drei Viertel, die geheim gehalten werden, bringen sie nicht in Umlauf. Das vierte Viertel der Sprache reden die Menschen.
Sie nennen es Indra, Mitra, Varuna, Agni und es ist der himmlische Vogel Garutmat.
Was nur das Eine ist, benennen die Redekundigen vielfach. Sie nennen es Agni, Yama, Matarisvan.
Auf schwarzer Bahn fliegen die gelben Vögel, sich in Wasser hüllend, zum Himmel auf.
Sie sind jetzt von dem Sitz der Ordnung zurückgekehrt; dann wird die Erde mit Schmalz benetzt.
Zwölf Speichenbretter, ein Rad, drei Nabenstücke: wer versteht das? Darin sind zusammen dreihundertundsechzig wie Pflöcke befestigt, die sich nicht lockern.
Deine ausgiebige Brust, die erquickende, mit der Du alles Köstliche in Fülle gibst, die Kleinode bringende,
Güter findende, Gaben-schöne, an dieser laß uns hier trinken, Sarasvati!
Mit Opfer opferten die Götter dem Opfer. Dies waren die ersten Bräuche.
Diese Mächte folgten in den Himmel nach, in dem die früheren Götter, die Sadhya's sich befinden.
Dieses gleiche Wasser steigt im Lauf der Tage auf und kommt herab.
Die Regengötter erquicken die Erde, die Feuer erquicken den Himmel.
Den himmlische Adler, den großen Vogel, das gerngesehene Kind der Gewässer,
der Pflanzen, der stracks durch Regen labt, den Sarasvat rufe ich zum Beistand an.

Diese einfache Form des Rätsels wurde später zu immer komplexeren „Denksportaufgaben" weiterentwickelt.

II 4. Rätsel bei den Persern

Im Zend-Avesta gibt es Frage/Antwort-Rätsel, die den Wissens-Gedichten der Germanen entsprechen: Zarathustra fragt – Ahura Mazda antwortet.

Die früheste bekannte „richtigen Rätsel" finden sich erst in dem um 1000 n.Chr. verfaßten Shahnameh.

II 3. Rätsel bei den Griechen

Das bekannteste griechischen Rätsel ist dasjenige, das die Sphinx dem Ödipus gestellt hat:

„Es ist am Morgen vierfüßig, am Mittag zweifüßig, am Abend dreifüßig. Von allen Geschöpfen wechselt es allein die Zahl seiner Füße; aber eben wenn es die meisten Füße bewegt, sind Kraft und Schnelligkeit seiner Glieder ihm am geringsten."

Die Antwort ist der Mensch, der als Kleinkind auf allen Vieren krabbelt, als Erwachsener auf zwei Beinen geht und sich als Greis zusätzlich auf einen Stock stützt.

Ein weiteres Sphinx-Rätsel lautet:

„Wer sind die beiden Schwestern, die sich stets gegenseitig erzeugen?"

Die Antwort lautet „Tag und Nacht".

II 5. Ein germanisch-keltisch-indisches Rätsel

Es gibt ein Rätsel daß sich sowohl bei den Germanen als auch bei den Kelten und den Indern findet. Während bei den Germanen und Kelten eine Übertragung gut denkbar ist, da sie Nachbarn gewesen sind, ist dasselbe Rätsel bei den Indern nur durch eine gemeinsame indogermanische Tradition erklärbar.

Die Saga über Ragnar Lodenhose

Aslaug, die auch Kraka genannt wurde, was eine Walküre und die Tochter des Sigurd-Drachentöter und der Walküre Brünhild. Schon dieser Stammbaum läßt vermuten, daß die Geschichte der Aslaug letztlich auf die alten Vorstellungen über die Jenseitsgöttin zurückgeht, die an jedem Morgen den Sonnengott-Göttervater wiedergebiert. Die Rolle des alten, am Abend sterbenden Sonnengottes hat in dieser Saga Heimir übernommen; der junge, wiedergeborene sonnengott ist zu dem Drachentöter Ragnar Lodenhose geworden.

Die bereits angeführte Rätsel-Aufgabe lautet:

Ragnar sagte zu seinen Boten: „Wenn euch diese Maid so schön zu sein scheint wie die Köche erzählt haben, dann sagt ihr, daß sie hierherkommen soll um mich zu treffen, da ich mit ihr sprechen will; denn dann will ich, daß sie mein wird. Ich will, daß sie weder bekleidet noch unbekleidet ist, weder gespeist hat noch nicht gespeist hat, und weiterhin soll sie nicht alleine kommen, aber es soll sie auch niemand begleiten."

Die Antwort ist:

Und in dieser Nacht war sie daheim. Und am frühen Morgen sagte Kraka dem armen Mann, daß sie nun gehen würde, um Ragnar zu treffen, „aber ich werde meine Kleidung verändern: Du hast ein Forellen-Netz und in das will ich mich einhüllen, und ich werde mein Haar darüber hängen lassen und ich werde auf diese Weise nirgendwo nackt sein. Und ich werde ein wenig von einem Lauch abbeißen – das ist wenig Speise, aber es wird so sein, daß ich gegessen habe. Und ich will, daß mich euer Hund begleitet – so werde ich nicht alleine sein, auch wenn mich kein Mensch begleitet."
Und als die alte Frau ihren Plan erfuhr, fand sie, daß sie sehr geschickt sei.
Und als Kraka sich vorbereitet hatte, ging sie ihres Weges bis sie zu dem Schiff kam, und sie war schön anzusehen, da ihr Haar hell leuchtete und wie Gold war.
Da rief Ragnar sie zu sich und frug, wer sie sei und wen sie finden wolle.
Sie antwortete und sprach diese Verse:

„Ich habe nicht gewagt, mich Deiner Bitte zu widersetzen,
Ragnar, als Du mir batest,
zu dem Treffen mit Dir zu kommen,
und ich habe auch nicht das Gebot des Königs gebrochen.
Kein Mensch ist bei mir,
mein Leib ist nicht offen enthüllt,
ich habe ein Gefolge,
aber ich komme ganz allein."

<u>Der vierte Zweig des Mabinogion: „Math, Sohn des Mathonwy"</u>
(Zusammenfassung)

Im Mabinogion findet sich ein ganz ähnliches Rätsel, das auch hier im Zusammenhang mit einem Mann und einer Frau stehen, die die Saga-Varianten der Jenseitsgöttin und des Sonnengottes sind.

In dieser Geschichte wird zusammengefaßt folgendes berichtet:

Mathonwy, der König von Gwynedd (Nordwales) *hatte einen Sohn mit Namen Math („Bär"). Math hat zwei Neffen, Gwydyon („Barde mit lauter Stimme") und Gilfaethwy, sowie eine Nichte, Arianrhod („Silberscheibe" = „Mond"). König Math konnte nur leben, wenn seine Füße die Scham einer Jungfrau berührten. Lediglich wenn er in den Krieg zog, konnte er mit seinen Füßen wie andere Menschen die Erde berühren ohne daß er starb. Seine „Fußhalterin" war die Jungfrau Goewin.*

Derartige Umschreibungen waren nicht nur bei den Germanen, sondern auch bei den Kelten recht beliebt ... Diese Umschreibung enthält mehrere Rätsel:
1. Rätsel: „Wer ist ein König, der mit seinen Füßen nicht die Erde berühren kann?"
1. Antwort: „Die Sonne, der König der Götter."
2. Rätsel: „Warum stirbt der König, wenn er mit seinen Füßen die Erde berührt?"
2. Antwort: „Weil der König die Sonne ist und er am Abend, wenn er stirbt und in die Unterwelt eingeht, die Erde berührt."
3. Rätsel: „Warum kann der König leben, wenn seine Füße die Scham einer Jungfrau berühren?"
3. Antwort: „Weil die Sonne jeden Morgen von der Himmelsgöttin (aus ihrer Scham) wiedergeboren wird."
4. Rätsel: „Warum kann der König im Krieg mit seinen Füßen die Erde berühren?"
4. Antwort: „Weil er am Abend am Horizont mit dem Unterweltsgott kämpft."

Als sich Maths Neffe Gilfaethwy jedoch in Maths Fußhalterin Goewin verliebte, begann Gwydyon, um seinem Bruder zu helfen, den im 3. Zweig des Mabinogion beschriebenen Krieg mit Pryderi. Um seinen Neffen zu helfen, verließ Math seine Fußhalterin und zog mit ihnen in den Krieg gegen Pryderi, den König von Wales.

Gilfaethwy vergewaltigte Goewin während der Abwesenheit des Königs, als diese sich weigerte, ihn zum Liebhaber zu nehmen. Dadurch konnte sie nicht mehr Fußhalterin des Königs Math sein. Zur Entschädigung für die Vergewaltigung bot Math Goewin an, sie zu heiraten, worin sie auch einwilligte.

Seine beiden Neffen verwandelte König Math zur Strafe für ihre Taten für je ein Jahr nacheinander in einen Hirsch und eine Hindin, einen Eber und eine Sau sowie in einen Wolf und eine Wölfin. In jedem dieser Jahre zeugte das Brüder-Tierpaar ein Kind, das Math ihnen jedesmal abnahm und in ein Menschenkind verwandelte. Nach dem Ende der drei Jahre gab Math seinen Neffen ihre menschliche Gestalt wieder zurück, die sie aber nur unter der Bedingung behalten dürfen, daß sie Math eine neue Jungfrau als „Fußhalterin" suchten.

Gwydion schlug seine Schwester Arianrhod vor, doch sie erfuhren daraufhin, daß diese schwanger war. Sie gebar Zwillinge, von denen das eine ein Meereswesen war, während das andere wie ein Klumpen aussah. Das Meereswesen wurde Dylan Eil Don genannt, während das Klumpen-Kind den Namen Llew Llaw Gyffes erhielt. Das Klumpen-Kind wurde von seiner Mutter Arianrhod nacheinander dreimal mit einem Bann belegt: Es konnte nur von ihr einen Namen erhalten, es konnte nur von ihr Waffen erhalten und es konnte nie eine menschliche Frau haben.

Math und Gwydyon gelang es, die beiden ersten Banne durch Listen zu umgehen. Um den dritten Bann zu umgehen, erschufen Math und Gwydyon aus Eiche, Ginster, Gänseblümchen und Lilien eine Frau und gaben ihr den Namen Blodeuwedd. Lleu Llaw Gyffes heiratete Blodeuwedd, die ihn aber bald schon mit Gorowny betrog. Beide planten, Lleu Llaw Gyffes zu töten.

Blodeuwedd überlistete ihren Mann Lleu Llaw Gyffes, ihr zu verraten, auf welche Weise er sterben kann. Daraufhin verriet er es ihr: „Ich kann nicht am Tag und nicht in der Nacht, nicht im Haus und nicht außer Haus, nicht reitend und nicht gehend, nicht bekleidet und nicht nackt und von keiner in erlaubter Weise gefertigten Waffe getötet werden."

Dann löst er dieses Rätsel für sie: „Nur wenn ich bei Sonnenuntergang in ein Netz gekleidet mit einem Fuß auf einem Kessel und mit dem anderen Fuß auf einer Ziege stehe, kann ich mit einem Speer, der während eines Jahres nur zur Zeit der Messe geschmiedet worden ist, getötet werden."

Als Gorowny nach einem Jahr einen solchen Speer geschmiedet hatte, bat Blodeuwedd ihren Mann Lleu Llaw Gyffes darum, ihr doch einmal diese seltsame Haltung zu zeigen, worauf dieser sich dann schließlich auch einließ. Gorowny schleuderte seinen Speer und tötete Lleu Llaw Gyffes beinahe. Lleu Llaw Gyffes verwandelte sich in einen Adler und floh vor Gorowny. Gwydyon fand Lleu Llaw Gyffes schließlich in seiner Adlergestalt auf einer hohen Eiche. Durch das Singen eines Liedes in der alten Form des Englyn gelang es Gwydyon schließlich, den Adler zu sich herabzulocken und ihm seine menschliche Gestalt wiederzugeben. Gwydyon und Math pflegten Lleu Llaw Gyffes, bis er wieder ganz gesund war.

Lleu Llaw Gyffes verwandelte Blodeuwedd zur Strafe in eine Eule und tötete Gorowny mit einem Speerwurf, obwohl sich dieser hinter einem großen Stein verborgen hatte, der durch den Speerwurf zu einem Lochstein wurde.

Der Name Lleu Llaw Gyffes bedeutet „Lleu mit der geschickten Hand". Lleu ist die walisische Form von „Lugh". Der irische Sonnengott Lugh trägt ähnlich dem walisischen Lleu den Beinamen „mit der langen Hand", was ein Hinweis auf das handwerkliche Geschick des keltischen Sonnengottes ist.

Die „geschickte Hand" des Lleu, die „lange Hand" des Lugh und die „silberne (künstliche) Hand" des Nuada (bei den Germanen Tyr mit der abgebissenen Hand) werden dasselbe Motiv sein, das den keltischen Sonnengott-Göttervater in der Unterwelt kennzeichnet.

Der ursprüngliche Name Pryderis, der „Gwri Wallt Euryn", also „Gwri Goldhaar" lautete, würde gut zu seiner Auffassung als eines Sonnengottes passen, zumal „Gwri" das walisische Wort für die „Morgendämmerung" ist. Das „goldlockige Kind" wäre dann die wiedergeborene und daher noch junge Sonne.

Die zentrale Rolle der schwangeren Frau des Llwyd bei der Erlösung von Pryderi und Rhiannon läßt vermuten, daß die Schwangerschaft innerhalb dieser Sonnengott-Symbolik auch von Bedeutung ist. Da es hier um Sonnenuntergang/Tod und Sonnenaufgang/Wiedergeburt geht, könnte man vermuten, daß Llwyds Frau am Morgen die Sonne wiedergebiert. Dieses Motiv hat möglicherweise in Rhiannon und deren Sohn Pryderi eine Doppelbesetzung, da auch Pryderi ursprünglich der Sonnengott war. Auch von Arianrhod wird von einer Schwangerschaft berichtet.

In diesem Motiv vereint sich der Sonnengott im Jenseits bei der Heirat mit der Jenseitsgöttin und zeugt sich dabei selber, sodaß er dann am Morgen wiedergeboren wird. Die Jenseitsgöttin ist vor allem die walisische Göttinnendreihe Rhiannon-Branwen-Arianrhod.

Durch die Gleichsetzung des wiedergeborenen Königs, der dadurch sein eigener Sohn wird, mit dem leiblichen Sohn des Königs erscheint als der wiedergeborene, d.h. gekrönte König vor allem der Thronfolger.

Als Gestalt im Jenseits treten vor allem das Pferd und der Hirsch als Opfertier sowie der (Seelen-)Vogel auf.

Der Ort der Wiedergeburt ist der Grabhügel, aus dem später ein Schloß wurde. Der Ort des Todes, der symbolisch zu einer Gefangenschaft wurde, liegt im Westen – von Wales aus gesehen also in Irland. Beide Orte liegen symbolisch im Meer.

Bei der Wiedergeburt ist der Kessel bzw. die goldene Schale ein wichtiges Hilfsmittel. Auch das Englyn („Hymne") wurde benutzt, um die Sonne zurückzurufen, die im Jenseits die Gestalt eines Adler-Seelenvogels angenommen hatte.

Die Wiederzeugung als ein wichtiges dem Mabinogion zugrundeliegendes Motiv würde auch die Ehen zwischen den Königen und den Göttinnen erklären, da die Könige dadurch die Position des (wiedergeborenen) Sonnengottes einnehmen – was eine im Königtum weltweit verbreitete Symbolik ist.

Der Bann, der Lleu Llaw Gyffes schützt, enthält einige interessante Details, die gut zu seiner Auffassung als Sonnengott passen:

> - Lleu kann nur zur Zeit des Sonnenunterganges, die symbolisch der Tod der Sonne, d.h. ihr Eintritt in die Unterwelt ist, getötet werden.
>
> - Lleu muß mit einem Fuß auf einem Kessel stehen, der bei den Kelten das Symbol der Wiedergeburt war, die die Sonne jeden Morgen erlebt – Lleu kann nur getötet werden, wenn er auch wiedergeboren wird, d.h. daß es keinen Sonnenuntergang ohne einen darauffolgenden Sonnenaufgang gibt.
>
> - Lleu muß mit dem anderen Fuß auf einer Ziege stehen, die wie der Hirsch, der Stier, das Pferd und der Eber auch deren Symbolik der Jenseitsreise teilen

wird und das Opfertier für die Sonne am beginn ihrer Reise durch die Unterwelt ist.

- Die „ungesetzliche" Herstellungsweise des Speeres, mit dem Lleu getötet werden kann, kennzeichnet den Speer als eine Waffe, die nicht im Einklang mit der Fhirinne („Richtigkeit") steht und somit die Fhirinne, für die der Sonnengott steht, zerstören kann. Dem Motiv des Schmiedens während der Messe wird sicherlich ein älteres, nicht-christliches Motiv vorausgegangen sein.

- Das Netz könnte ein Hinweis darauf sein, daß die Unterwelt aus Wasser besteht, aber dieses Motiv könnte auch als nachträgliches Paradoxon eingefügt worden sein.

Die drei Banne, mit denen Arianrhod ihren Sohn Llew Llaw Gyffes belegt, stehen vermutlich symbolisch für die Notwendigkeit einer Jenseitsreise bzw. für die drei Aufgaben, die auf der Jenseitsreise zu erfüllen sind. Sie entsprechen wahrscheinlich auch den drei Schreien der Druiden bei der Einweihung und sind letztlich ein Hinweis auf die dreigestaltige Jenseitsgöttin.

Die drei Dinge, die der Sonnengott Llew Llaw Gyffes erlangen muß, sind sein Name, eine Waffe und eine Frau. Die Frau wird die Göttin selber auf der Jenseitsreise gewesen sein. Möglicherweise erhielt der Druiden nach seiner Einweihung und auch der König nach seiner Krönung einen neuen Namen. Zumindest von Taliesin ist bekannt, daß er vor seiner Einweihung den Namen Gwion getragen hatte. Diese beiden Banne könnten also aus der Jenseitsreisesymbolik der Druiden stammen. Ob auch der dritte Bann dort seinen Ursprung hat, ist unklar – vielleicht ist die Waffe eine Umdeutung eines anderes Gegenstandes wie z.B. des Druidenstabes, dessen Urbild der lebengebende und lebennehmende Zauberstab des Dagda ist.

Der Name Dylan Eil Don bedeutet „Sohn der Wellen, Enkel der Don/Dana". Dieser Name kennzeichnet Dylan als einen von der Göttin Dana wiedergeborenen Gott („Enkel") der Jenseitswasser, also als eine Entsprechung zu Manawydan, Manannan und Lir. Da das Jenseits eine Wasserunterwelt ist, könnte man Dylan als die Sonne im Jenseits (= Nuada) und seinen Bruder Lleu als die Sonne im Diesseits (= Dagda), also als Nacht und Tag auffassen.

Die beiden Namen Dylans werden vermutlich zwei Bilder für dasselbe Thema sein: Als Dylan ist er ein „Sohn der Wellen", also ein Sohn der Unterweltswasser, und als „Enkel der Don/Dana" ist er ein Kind der Himmelsgöttin Dana – zusammen ergibt dies das bei den Kelten gut bekannte Bild der Göttin Dana als der Jenseitsgöttin in den Wassers des Himmelsjenseits, das sich die Kelten als ein großes Meer vorstellten.

Die Verwandlung des Lleu in einen Adler auf einer hohen Eichen ist die Seele auf dem Weltenbaum und somit die Nachtsonne – also eigentlich Lleus Bruder Dylan. Es hat also ganz den Anschein, als ob die gesamte Jenseitsreisesymbolik mitsamt Kessel,

Seelenvogel, Herdentier und Weltenbaum auch auf die Sonne übertragen worden wäre.

Die Verwandlungen der beiden Neffen in Hirsch/Hindin, Eber/Sau und Wolf/Wölfin wird eine Erinnerung an die symbolische Verwandlung des Jenseitsreisenden in einen Hirsch bzw. Stier sein. Möglicherweise sind auch Gwydyon und Gilfaethwy in früherer Zeit die Tag- und die Nachtsonne gewesen.

Arianrhod wäre dann ursprünglich wie Rhiannon und Branwen die Göttin in der Wasserunterwelt gewesen, die die Sonne nach der vorausgegangenen „Wiederzeugung" wiedergebiert.

Wenn diese Auffassungen zuträfen, dann wäre die Jenseitsreisesymbolik zunächst in einem ersten Schritt auf die Sonne übertragen und dann in einem zweiten Schritt auf das Königtum ausgeweitet worden. In dieser Form erscheint es dann in den Geschichten des Mabinogion.

Der Name der Frau des Lleu, Blodeuwedd, bedeutet „Blumengesicht". Wenn sie die Frau des Sonnengottes Lleu ist, dann sollte sie die Jenseitsgöttin sein. Somit findet sich auch in dieser Mythe wieder einmal die Umdeutung der hilfreichen Jenseitsgöttin in die Verursacherin des Todes. Wenn Blodeuwedd die Jenseitsgöttin ist, ist es auch nicht verwunderlich, daß sie die Umstände, die den Tod des Sonnengottes ermöglichen, kennt – schließlich stirbt er jeden Abend, vereint sich in der Nacht mit ihr und wird am Morgen von ihr wiedergeboren.

Ihr Name könnte sie als eine Göttin der Vegetation kennzeichnen, wobei aber das Fehlen von Nahrungspflanzen bei ihrer magischen Erschaffung verwunderlich wäre. Die Eiche könnte ein Hinweis auf den Weltenbaum sein; Ginster, Gänseblümchen und Lilie bleiben hingegen recht unklar. Es wäre denkbar, daß das Gänseblümchen ein Bild für die Sonne sein könnte und die Lilie vielleicht als christliches Symbol der Reinheit Eingang in die Mythe gefunden hat, aber diesen beiden Deutungsansätze sind doch sehr unsicher. Vielleicht ist „Blütengesicht" auch die Göttin der Wiedergeburt als Frühlingsgöttin, die zur Wintersonnenwende die Sonne wiedergebiert.

Der Englyn ist eine alte Reimform, deren lyrische Form auf vielfältige Weise festgelegt ist, was ein Verfassen eines Gedichtes in dieser Gedichtform recht schwierig macht. In ihm gibt es festgelegte Anzahlen von Silben in jeder Zeile, bestimmte Muster von Konsonanten und Akzenten sowie an bestimmten Stellen Reime und Halbreime. Von seinem Aufbau her ähnelt es ein wenig den japanischen Heikus und einigen alten chinesischen Gedichtformen.

Da der Englyn von Gwydyon benutzt wurde, um Lleu in dessen Adlergestalt von der hohen Eiche herabzulocken und ihm Menschengestalt wiederzugeben, steht Gwydyons Englyn mit der Rückkehr der Sonne, also dem Sonnenaufgang, in Verbindung – Lleu kehrt vom Weltenbaum (Jenseitsweg) auf die Erde (Diesseits) zurück und er verwandelt sich von einem Seelenvogel (Tod) wieder in einem Menschen (Leben). Gwydyons Englyn könnte daher ursprünglich einmal ein Lied gewesen sein, daß von den Druiden bei Sonnenaufgang gesungen wurde, um die Sonne einzuladen, auch diesen Tag wieder aufzugehen.

Die Märchen der Gebrüder Grimm

In diesen Märchen, die vor allem auf germanische und keltische Mythen zurückgehen, findet sich das „Märchen von der klugen Bauerstochter", die genau dasselbe Rätsel lösen muß.

In diesem Märchen spricht der König zu ihr: *„Komm zu mir, nicht gekleidet, nicht nackend, nicht geritten, nicht gefahren, nicht auf dem Weg, nicht neben dem Weg, und wenn Du das kannst, will ich Dich heiraten."*

Rig-Veda

In einer Hymne aus dem Rig-Veda an den Feuergott Agni findet sich das Netzrätsel-Motiv noch ein drittes mal. Das „Er" in der Hymne ist der Feuergott Agni, der hier als das Opfer-Feuer erscheint.

Rig-Veda 3, 1:

Er erstreckt seine strahlenden Glieder durch die ganze Gegend, er reinigt seine
  Macht mit weisen Reinigungen;
Er kleidet sich in Licht, in die Wasser des Lebens, er dehnt seinen hohen und
  vollkommenen Ruhm in die Weite hinein aus;
Er sucht die Mächtigen des Himmels, die Unvergänglichen, die Unverletzten – nicht
  bekleidet und trotzdem nicht nackt.

Hier findet sich dieselbe Formulierung „nicht dieses, aber auch nicht das Gegenteil" wie in der Ragnar-Saga und im Mabinogion. Zugleich findet sich hier auch die konkrete Formulierung, die sich wie bei den Germanen und bei den Kelten auf die Nacktheit bezieht: „nicht bekleidet, aber auch nicht nackt".

Rig-Veda 6,1:

Ihm, der mit vielen Schätzen wie ein Häuptling mit seinem Gefolge auszog, sind sie
  nachgegangen,
da sie bei Dir Reichtum erwartend gewacht haben, dem hellen Agni, dem

gerngesehenen, hohen, der mit einer Netzhaut versehen allezeit leuchtet.

Diese „Haut" in der Form eines Netzes ist dieselbe Lösung für das gleichzeitig Nacktsein und Nicht-Nacktsein wie in der Ragnars-Saga und im Mabinogion.

Rig-Veda 5, 43:

In dieser Hymne, die sich „an alle Götter" richtet, findet sich das Netz-Motiv noch ein zweites mal:

Der Gharmakessel, den die Redekundigen salben – wie das Barhis, wenn sie es
  ausbreiten, wie das mit der Netzhaut versehene Opferstück,
wenn sie es am Feuer kochen, ist regelrecht ans Feuer gesetzt wie der liebste Sohn
  auf den Schoß des Vaters.

Das Netz scheint dafür verwendet worden zu sein, das Opferfleisch in den Kessel, in dem es gekocht wurde, zusammenzuhalten.

Es scheint somit ursprünglich das Tier-Opfer an die Götter gewesen zu sein, daß weder nackt noch nicht-nackt gewesen ist. In der vorigen Hymne bezieht sich das Netz auf den Feuergott Agni, der eng mit der Sonne verwandt ist. Das Opfer selber wird sich in früher Zeit oft auf den Sonnengott-Göttervater Dhyaus bezogen haben, der auch im Rig-Veda noch häufig auftritt.

Atri und Anasuya

Atri ist ein früher Sänger und Weiser, der dem Geist des Brahma entsprungen sein soll.

Er hat einst die von Svarbhanu (Germanen: Loki) versteckte Sonne befreit. Die Reise in die Höhle, über die in einer Strophe berichtet wird, ist daher eine Reise in die Unterwelt – die Höhle ist die Grabkammer des Hügelgrabes der Sonne. Im Ritual entspricht diese Szene der morgendlichen Anrufung der Sonne durch die Priester.

Atris Frau Devi Anasuya hilft jeden Morgen der Sonne, im Osten aufzusteigen – sie ist offenbar eine Sagen-Variante des Jenseitsgöttin, die jeden Morgen die Sonne wiedergebiert.

Über Anasuya wird erzählt, daß einst Brahma, Vishnu und Shiva als normale Männer verkleidet zu ihr kamen und von ihr verlangten, daß sie von ihr unbekleidet bewirtet werden. Sie erfüllte ihren Wunsch, aber verwandelte die drei Götter zuvor in drei kleine Kinder. Diese Szene erinnert an das Netz-Rätsel der Germanen, Kelten und Inder, das der Mythe über die sterbende und wiedergeborene Sonne auftritt. Die Verwandlung der drei Götter als Kinder wird wahrscheinlich eine Umdeutung der Wiedergeburt dieser drei Götter, d.h. ursprünglich der Sonne, sein.

Die Ashvins sind des öfteren seine Helfer. Er wurde als der mittlere der sieben Sterne des Großen Bären (Großer Wagen) angesehen.

Er ist der Verfasser des fünften Buches des Rig-Veda und gilt als der Schreiber mehrerer Veden.

Das andere Lied von Sigurd Fafnir-Töter

Bei den Germanen findet sich das Netz-Motiv noch an einer weiteren Stelle und auch dieses mal wieder im Zusammenhang mit einer Gestalt, die auf den Sonnengott-Göttervater Tyr zurückgeht:

Regin übernahm Sigurds Erziehung und Unterricht und liebte ihn sehr. Er erzählte dem Sigurd von seinen Vorfahren und den Abenteuern, wie Odin, Hönir und Loki einst zu Andwaris Wasserfall kamen. In diesem Wasserfall war eine Menge Fische. Ein Zwerg, der Andwari hieß, war lange in dem Wasserfall in Hechtsgestalt und fing sich da Speise.

„Otr hieß unser Bruder", sprach Regin, „der fuhr oft in den Wasserfall in der Gestalt eines Otter. Da hatte er einst einen Lachs gefangen und saß am Flußrand und aß blinzelnd. Loki warf ihn mit einem Stein zu Tode. Da dauchten sich die Asen sehr glücklich gewesen zu sein und zogen dem Otter den Balg ab.

Denselben Abend suchten sie Herberge bei Hreidmar und zeigten ihm ihre Beute. Da griffen sie sie mit Händen und legten ihnen Lebenslösung auf: sie sollten den Otterbalg mit Gold füllen und außen mit rotem Golde bedecken. Da schickten sie Loki aus, das Gold zu beschaffen.

Er kam zu Ran und erhielt ihr Netz und warf das Netz vor den Hecht und er lief in das Netz.

Die Riesin Ran lebt im Meer und ist vor allem eine Jenseitsgöttin. Aus dieser Vorstellung heraus ist auch ihr Name entstanden, der „Räuberin" bedeutet – sie fischt mit ihrem Netz vom Wasser aus nach den Menschen in den Schiffen. Sie ist sozusagen die „Hel des Meeres". Das Ausleihen des Netzes der Ran durch Loki zeigt zum einen, daß es zwischen den beiden eine Verbindung gegeben haben könnte und zum anderen bestätigt diese Szene, daß sich der Ring des Andvari (Tyr), den Loki dem Zwerg raubt, im Jenseits befindet.

... ...

Loki sah all das Gold, das Andwari besaß. Aber als dieser das Gold entrichtet hatte, hielt er einen Ring zurück. Loki nahm ihm auch den hinweg.

Dieser Ring ist der Ring Draupnir von dem in jeder neunten Nacht acht gleiche Ringe abtropfen. Er ist ein Symbol der Sonne, die vollkommen heil („8") aus dem Jenseits („9") zurückkehrt, nachdem sie von der Jenseitsgöttin wiedergeboren worden ist. Der Zwerg Andvari ist daher der ehemalige Göttervater Tyr im nächtlichen bzw. winterlichen Jenseits (siehe dazu „Andvari" in Band 7 oder den Band 38 über „Sigurd/Siegfried").

Diese Szene aus den germanischen Mythen bestätigt somit die Vermutung, daß das Netz aus dem Netz-Rätsel aus dem Ritual des Opfers für den indogermanischen Sonnengott-Göttervater Dhyaus stammt.

Gylfis Vision

Snorri Sturluson berichtet, daß sich Loki nach seiner Tötung des Baldur von den Asen mithilfe eines Netzes gefangen worden ist, nachdem sich Loki in einen Lachs verwandelt hat. Da in der alten Tyr-zentrierten germanischen Religion der Wintergott Loki der ewige Widersacher des Sommergottes Tyr gewesen ist, könnte das Netz in diesem Zusammenhang aus derselben indogermanischen Mythe stammen wie das Netz-Rätsel, das sich auf die „Kleidung" des Opfertieres bezieht.

Da sprach Gangleri: „Viel Arges wahrlich hatte Loki zu Wege gebracht, da er erst verursachte, daß Baldur erschlagen wurde, und dann schuld war, daß er nicht erlöst ward aus Hels Gewalt. Aber wurde das nicht irgendwie an ihm geahnt?"
Har antwortete: „Es ward ihm so vergolten, daß er lange daran denken wird.
Als die Götter so wider ihn aufgebracht waren, wie man erwarten mag, lief er fort und barg sich in einem Berge. Da machte er sich ein Haus mit vier Türen, daß er aus dem Hause nach allen Seiten sehen konnte.

Dies ist ein recht auffälliges Gebäude und die einzige Wohnstatt des Loki, die jemals erwähnt wird. Die vier Türen des Hauses erwecken zumindestens den Eindruck, als ob dieses Haus in der Mitte der Welt stehen würde. Diese vier Türen erinnern auch an die vier Zwerge Austri, Westri, Nordri und Sudri am Himmelsrand, die den Schädel des Urriesen Ymir, aus denen die Asen den Himmel gebildet haben, tragen.

Falls das Haus des Loki tatsächlich auf einem Berg in der Mitte der Welt stehen sollte und jede der vier Türen zu einem der vier Himmelträger-Zwergen blicken sollte, dann müßte dieses Haus unter dem Weltenbaum und neben der Quelle der Nornen stehen. Der Weltenbaum ist eine Verbindung der beiden Welten miteinander und die Quelle bzw. der Brunnen der Nornen ist das Tor zum Jenseits – dies wäre ein durchaus passender Wohnort für den Gott Loki.

Man könnte bei dem Haus mit den vier Türen auch an eine Wohnung der vier Winde denken, da Loptr auch ein Luftgott ist – aber die Vorstellung von vier mit den Himmelsrichtungen verbundenen Winden scheint bei den Germanen nicht üblich gewesen zu sein.

Das Haus mit den vier Türen erinnert auch an das alte Sonnensymbol des Kreises mit dem Kreuz in ihm.

Oft am Tag verwandelte er sich in Lachsgestalt und barg sich in dem Wasserfall, der Franang hieß, und bedachte bei sich, welches Kunststück die Asen wohl erfinden könnten, ihn in dem Wasserfall zu fangen.

Die Verwandlung des Loki in einen Lachs erinnert daran, daß auch Andvari die Gestalt eines Lachses hatte, als er von Loki gefangen wurde. Offenbar ist Loki in die Unterwelt geflohen, da Zwerge Wesen der Unterwelt sind. Eine solche Flucht würde gut zu Lokis Mythen passen, in denen er auch ständig ins Jenseits reist.

Möglicherweise ist der Ursprung des Netzrätsels der Kampf zwischen dem Sommergott (Tyr) und dem Wintergott (Loki), bei dem jeweils einer von ihnen die Gestalt eines Menschen und den andere, der die Gestalt eines Lachses hat, mithilfe eines Netzes fängt. In den Flüssen in dem ursprünglichen Siedlungegebiet der Indogermanen in der südrussischen Steppe gibt es Lachse.

Bei den Kelten gehört der Lachs zu dem Göttervater Dagda, der dem germanischen Tyr entspricht.

Und einst, als er daheim saß, nahm er Flachsgarn und verflocht es zu Maschen, wie man seitdem Netze macht.

In der Andvari-Mythe lieh sich Loki das Netz der Meeresriesin Ran aus, während er hier als der Erfinder dieses Netzes dargestellt wird. Ran fischt mit ihren Netzen Seeleute und zieht sie zu sich hinab in das nasse Grab. Das Netz der Ran ist folglich ein Hilfsmittel, um Menschen vom Diesseits in das Jenseits zu holen.

Dabei brannte Feuer vor ihm. Da sah er, daß die Asen nicht weit von ihm waren, denn Odin hatte von Hlidskialfs Höhe seinen Aufenthalt erspäht. Da sprang er schnell auf und hinaus ins Wasser, nachdem er das Netz ins Feuer geworfen hatte.

Und als die Asen zu dem Haus kamen, da ging der zuerst hinein, der von allen der Weiseste war und Kwasir hieß, und als er im Feuer die Asche sah, wo das Netz gebrannt hatte, da merkte er, daß dies ein Mittel sein sollte, Fische zu fangen, und sagte das den Asen. Da fingen sie an und machten ein Netz jenem nach, das Loki gemacht hatte, wie sie in der Asche sahen.

Dies ist die einzige Stelle in den Mythen der Germanen, in der Kwasir aktiv ist.

Und als das Netz fertig war, gingen sie zu dem Fluß und warfen das Netz in den Wasserfall. Thor hielt das eine Ende, das andere die übrigen Asen, und nun zogen sie das Netz. Aber Loki schwamm voran und legte sich am Boden zwischen zwei Steine, so daß das Netz über ihn hinweggezogen wurde, doch merkten sie wohl, daß etwas Lebendiges vorhanden sei.

Die Göttin Ran fängt mit ihrem Netz die Diesseitsbewohner, d.h. die Seefahrer.
In der Andvari-Mythe wird mit dem Netz ein Jenseitsbewohner, d.h. der Tyr-Zwerg Andvari gefangen.
In dieser Szene fangen die Asen den Loki, der sich im Jenseits verborgen hat.

Da gingen sie abermals an den Wasserfall und warfen das Netz aus, nachdem sie etwas so Schweres daran gebunden hatten, daß nichts unten durchschlüpfen mochte. Loki fuhr vor dem Netze her und als er sah, daß es nicht weit von der See sei, da sprang er über das ausgespannte Netz und lief zurück in den Fall.
Nun sahen die Asen, wo er geblieben war: da gingen sie wieder an den Wasserfall und teilten sich in zwei Haufen nach den beiden Ufern des Flusses. Thor aber mitten im Fluß watend folgte ihnen bis an die See. Loki hatte nun die Wahl, entweder mit Lebensgefahr nach der See zu ziehen oder abermals über das Netz zu springen. Er tat das letzte und sprang schnell über das ausgespannte Netz. Thor griff nach ihm und kriegte ihn in der Mitte zu fassen; aber er glitt ihm in der Hand, so daß er ihn erst am Schwanz wieder festhalten konnte. Darum ist der Lachs hinten spitz.
Nun war Loki friedlos gefangen. Sie brachten ihn in eine Höhle und nahmen drei lange Felsenstücke, stellten sie auf die schmale Kante und schlugen in jedes ein Loch.
Dann wurden Lokis Söhne, Wali und Nari oder Narwi, gefangen. Den Wali verwandelten die Asen in Wolfsgestalt: da zerriß er seinen Bruder Narwi. Da nahmen die Asen seine Därme und banden den Loki damit über die drei Felsen: der eine stand ihm unter den Schultern, der andere unter den Lenden, der dritte unter den Kniegelenken; die Bänder aber wurden zu Eisen.
Da nahm Skadi einen Giftwurm und befestigte ihn über ihm, damit das Gift aus dem Wurm ihm ins Antlitz träufelte.

Die Art von Lokis Fesselung und Folterung ist sehr detailliert beschrieben und enthält einige Auffälligkeiten.
Zunächst einmal wird er in einer Höhle gefangengehalten und über ihm eine Schlange befestigt, deren Gift auf ihn herabtropft. Dies entspricht genau der Beschrei-

bung der Unterwelt der Hel, die eine Höhle ist, deren Decke aus Schlangen besteht, deren Gift auf die Toten herabtropft. Loki wird folglich in der Unterwelt gefangengesetzt.

Es liegt daher nahe, den in einen Wolf verwandelten Wali Loki-Sohn als identisch mit Fenrir Loki-Sohn anzusehen – zumal sich der gefangene Loki im Reich seiner Tochter Hel befindet.

Da sich Hel und Fenrir um ihren Vater Loki versammelt haben, sollte man erwarten, daß auch Jörmungandr, die Midgardschlange zugegen sein würde. Möglicherweise ist sein zweiter Sohn Narwi, der von Wali-Fenrir zerrissen wurde, mit dieser Schlange identisch, da Loki mit den Eingeweiden von Narvi, die ja in etwas Schlangengestalt haben, gefesselt wurde.

Die Assoziation zwischen Därmen und Fesseln war naheliegend, da man damals aus Därmen Bogensehen herstellte, die sehr haltbar waren.

Loki wurde somit von den Asen zu seinen eigenen drei Kindern in die Unterwelt verbannt.

Das Arrangement der drei Felsen, auf denen Loki gelegt wird, ist auch recht auffällig. In jeden dieser drei Felsen wurde ein Loch geschlagen, um Loki mithilfe der Gedärme seines Sohnes an sie zu fesseln.

Und Sigyn, sein Weib, steht neben ihm und hält ein Becken unter die Gifttropfen. Und wenn die Schale voll ist, da geht sie und gießt das Gift aus; derweil aber tropft ihm das Gift ins Angesicht, wogegen er sich so heftig sträubt, daß die ganze Erde schüttelt, und das ist es, was man Erdbeben nennt."

Man sah Loki offensichtlich auch als den Gott der Naturkatastrophen an. Das könnte eine Ausweitung der Auffassung des Loki als des „Winter-Bringers" sein.

Dort liegt er in Banden bis zur Götterdämmerung."

Hier ist der zyklische Wechsel der Herrschaft zwischen dem Sommergott Tyr und dem Wintergott Loki schon zu einem einmaligen Ereignis geworden.

II 6. Rätsel in der indogermanischen Überlieferung

Rätsel sind von den Kelten, Germanen, Römern, Griechen, Indern und Persern bekannt. Sie reichen von den Frage-Antwort-Wissensgedichten bis hin zu Denksport-Aufgaben.

Da Rätsel aufgrund ihrer einfachen Natur an vielen Stellen unabhängig voneinander erfunden worden sein können, ist das von den Kelten, Germanen und Indern bekannte „Netz-Rätsel" aus den Mythen des Göttervaters eine sehr willkomme Bestätigung, daß es Rätsel oder zumindestens absurde Formulierungen („nicht so und auch nicht das Gegenteil") schon bei den Indogermanen gegeben hat und daß sich diese auf den Tod des Sonnengott-Göttervaters Dhyaus bezieht (Germanen: Tyr), der als Lachs von seinem Gegner (Germanen: Loki) mithilfe eines Netzes gefangen worden ist.

Man kann also davon ausgehen, daß bereits die Indogermanen Rätsel und Wortspiele gekannt haben.

III Rätsel in der jungsteinzeitlichen Überlieferung

Zu den gemeinsamen Nachkommen der frühen Jäger und Ackerbauern in der Jungsteinzeit in Mesopotamien und dessen Umland (Göbekli Tepe) gehören neben den Indogermanen die Sumerer, Babylonier, Semiten, Ägypter und Elamiter.

III 1. Rätsel bei den Babyloniern

Die Babylonier haben um ca. 2350 v.Chr. in der Stadt Lagasch ein Rätsel aufgezeichnet, in der von einer Stadt der Fluß, an der sie liegt, der Stadtgott und die Symboltier genannt werden, woraufhin der Zuhörer bzw. Leser den Namen der Stadt raten muß.

Andere Rätsel (deren Antworten leider nicht überliefert sind) lauteten:

„Meine Knie eilen, meine Füße ruhen nicht, ein gnadenloses Schäfer treibt mich auf die Weide." (Fluß? Ruderboot?)

„Du zogst los und nahmst den Besitz des Feindes; der Feind kam und nahm Deinen Besitz." (Weberschiffchen?)

„Wer wird schwanger ohne zu empfangen? Wer wird fett ohne zu essen?" (Regenwolke?)

III 2. Rätsel bei den Ägyptern

Der Ägypter Ahmose hat um 1550 v.Chr. auf einem Papyrus ein Rätsel aufgeschrieben, das er, wie er schreibt, auf einem 200 Jahre alten Papyrus gelesen hatte und das somit ungefähr aus der Zeit von 1750 v.Chr. stammt.

Das Rätsel ist eigentlich eine Rechenaufgabe: *„Es gibt sieben Häuser, in jedem Haus wohnen sieben Katzen. Jede Katze fängt sieben Mäuse, von denen jede sieben Kornähren gefressen hat. In jeder Ähre sind sieben Samen."* (Frage: Wieviel Samen sind es insgesamt? Antwort: 7^5=16.807 Körner)

Es gab bei den Ägyptern auch die Frage-Antwort-Wissenstexte, mit deren Hilfe im Totenbuch die Reise in das Jenseits beschrieben wird: Nur wer die Namen aller Wege, Tore, Türen, Schwellen usw. kannte, konnte in das Jenseits gelangen – das ähnelt dem Wissen des Odin über die Worte, die er dem Baldur bei dessen Jenseitsreise in das Ohr flüstert. An die Stelle der Fähigkeit zur inneren Reise oder Astralreise in das Jenseits ist hier schon das formale Wissen über diese Reise getreten.

III 3. Rätsel bei den Israeliten

König Salomo und der phönizische König Hiram von Tyros trugen einen Rätselwettstreit miteinander aus. Auch die Königin von Saba stellt König Salomo Rätselfragen.

Samson stellte den Philistern im Buch Richter 14,14 ein Rätsel: Da sprachen die Männer der Stadt zu ihm am siebenten Tage, ehe die Sonne unterging: *„Was ist süßer den Honig? Was ist stärker denn der Löwe?"* Aber er sprach zu ihnen: *„Wenn ihr nicht hättet mit meinem Kalb gepflügt, ihr hättet mein Rätsel nicht getroffen." Und der Geist des Herrn geriet über ihn, und er ging hinab gen Askalon und schlug dreißig Mann unter ihnen und nahm ihr Gewand und gab Feierkleider denen, die das Rätsel erraten hatten."* Leider wird hier nicht die Lösung mitgeteilt.

Im Talmud finden sich einige Rätsel wie z.B.: *„Welches Tier hat eine Stimme, wenn es lebt, und sieben Stimmen, wenn es tot ist?"* Die Antwort ist „Ibis", aus dessen Leib sieben Arten von Instrumenten hergestellt werden.

Auch in dem um ca. 200 v.Chr. verfaßten Buch Sirach wird berichtet, daß das Stellen und Lösen von Rätseln eine beliebtes Spiel bei Tisch gewesen ist.

III 4. Rätsel in der jungsteinzeitlichen Überlieferung

> Es hat seit spätestens 2350 v.Chr. Rätsel gegeben. Die ihnen zugrundeliegenden Frage-Antwort-Wissentexte sind die Form der Wissensbewahrung, die vor der Erfindung der Schrift um ca. 3250 v.Chr. in Ägypten (Hieroglyphen) und in Mesopotamien (Keilschrift) allgemein üblich gewesen sein wird.
>
> Es ist daher gut denkbar, daß es auch schon lange vor der Erfindung der Schrift Rätsel gegeben hat – die auf dieselbe Weise wie sich Spiele aus den Orakeln entwickelt haben, aus diesen Wissenstexten entstanden sind.

Verzeichnis der Themen

(die Zahl ist die Nummer des Bandes, in dem sich das Thema findet)

1 47	540 47	Alius 32	Aur 55
2 47	700 47	Alraune 45	Aurboda 35
3 47	800 47	Alsvatr 5	Aurgelmir 5
4 47	900 47	Alswid 34	Aurgrimnir 5
5 47	1.200 47	Althiof 7	Aurnir 34
6 47	10.000 47	Alvor 35	Aurvandil 20
7 47	432.000 47	Alwis 7	Aurwang 7
8 47	1+8=9=8+1 47	Alwit 31	Aurwang 48
9 47	**Adler** 40	Ama 35	Austri 32
10 47	Adler auf dem	Amboß 67	Auzon => Kiste
11 47	Weltenbaum 41	Amgerdr 28	Axt 66
12 47	Adler bei der	Ampfer 45	**Bafur** 32
13 47	Einweihung 40	Andad 34	Bakrauf 35
14 47	Adlergestalt:	Andhrimnir 39	Baldrian 45
15 47	- des Franmar 40	Andvari 7	Baldur 9
16 47	- des Hraesvelgr 40	Angantyr 39	Bara 35
17 47	- des Odin 40	Angeyja 35	Bari 6
18 47	- des Thiazi 40	Angrboda 26	Bari 20
20 47	Adler-Traum der	Ann 32	Baugi 5
22 47	Kostbera 40	Annar 20	Bär 43
23 47	Aelrun 31	Arm-Wunde 63	Bärenfell 62
24 47	Affe 44	Arngrim 6	Barke 49
28 47	Agdai 39	Apfel 45	Bärlapp 45
30 47	Ägir 10	Asen 36	Basilikum 45
32 47	Agnar 39	Asgard 52	Beifuß 45
33 47	Ahnen 36	Ask 39	Beinvidr 34
36 47	Ai 32	Aslaug 31	Bekkhild 31
37 47	Aki 6	Asperan 34	Beleidigungs-
40 47	Aki 16	Astralreise 50	Wettstreit 73
41 47	Alban 32	Asvid 6	Beli 5
46 47	Alberich 7	Atem 64	Beowulf 39
48 47	Albewin 7	Atla 35	Bergdis 28
72 47	Alcis 12	Atli 37	Bergelmir 6
80 47	Alf 6	Atward 20	Bergriese 6
90 47	Alf 32	Auchoff 34	Berg-Zwerge 32
99 47	Alfarin 34	Aud 20	Berling 32
100 47	Alfen 36	Auerhahn 40	Bertha 28
120 47	Alfhild 31	Auge 63	Berserker 62
300 47	Alfrigg 32	Augenbraue 63	Bertram 45

Bertramsgarbe 45	Bragi 19	Diurnir 7	Eiche 53
Besen => Stab	Bragi-Riesin 35	Dofri 34	Eicheln 45
besonderer Schrei 64	Brak 16	Dolgtrasir 32	Eichhörnchen 44
Bestattung 64	Brana 35	Donnerrebe 45	Eid 68
Bestla 35	Brandingi 5	Dori 32	Eik 28
Betonica 45	braun 46	Dorn => Schlafdorn 55	Eikinskjaldi 32
Beyla 39	Brenner 39		Eimer 67
Biber 44	Brezel-Ornament 64	Drachen 41	Eimgeitir 35
Biene 40	Brimir 33	Drachenblut => Drachen	Eimyria 35
Bifröst 49	Brisingamen 60		Einäugigkeit 63
Bifur 32	Brokk 32	Drachenschiff 55	Einheer 34
Bikki 16	Brombeere 45	Drasian 6	Einweihung 50
Bil 29	Brücke 49	Draupnir (Zwerg) 32	Eir 29
Bild 7	Bruderkampf 55	dreifarbiger Stein 67	Eir 31
Billing 5	Brüngerd 35	dreiköpfiger Riese 5	Eis 52
Billing 7	Brünhild 31	drei Riesinnen 35	Eisa 35
Bilsenkraut 45	Bruni 5	drei wahre Worte 64	Eisen 55
Birkhuhn 40	Bruni 32	Drifa 35	Eisenkraut 45
Biört 29	Brünne 66	dritter Bruder 55	Eisriesen 34
Björgolfr 6	Brunnen 49	Dröfn 35	Eistla 35
Björgulfr 34	Buri 34	Drossel 40	Eisurfala 35
Blain 33	Bryja 35	Drudgelmir 5	Eiymyria 35
Blapthvari 34	Bryla 34	Duf 32	Ekstase-Kieger 62
Blasebalg 67	Bryngerd 28	Dufa 35	Elch 42
blau 46	Buri (Zwerg) 32	Dufr 32	Eldhrimnir 57
Blau-Menschen 36	Buseyra 35	Dulin 32	Eldir 39
Blau-Riesen 36	Byggvir 39	Dumbr 6	Eldr 34
blau-schwarz 46	Byleist 20	Dunneir 32	Elefant 42
Blick 63	Bylgia 35	Durathor 32	Elendshaut => Hel-Haut
Blid 29	**Comandion** 7	Durin 32	
Blidur 29	**Dag** 48	Durnir 32	Else 35
Blind 16	Dagfinnr 32	Durnir 34	Erde 52
Blindheit 63	Dain 32	Düsterwald 49	Embla 28
Blodughadda 35	Dalar 32	Dwalin 32	Embla 39
Blutsbrüder 55	Dalr 32	**Eber** 42	Ente 40
Bödhild 28	Delling 20	Eberesche 45	Erce 20
Bogen 66	Delling 48	Edda (vollständig) 77	Erdbeben 55
Bömbur 32	Dellingr 32	Efeu 45	Erste Ursache 55
Bölthorn 5	Delphin 44	Egdir 5	Eschenholzkasten => Kiste 57
Borr 34	Dietwarta 29	Egil 39	
Botewart 7	Disen 36	Ei 40	Esel 42
Both 20	Distel 45	Eibe 45	Estroval 39

Eugel 7	Fiölvör 35	Frühlingstagund-	Geitla 35
Eule 40	Fiörgyn 20	nachtgleiche 54	Geitir 35
Eyrgjafa 35	Fiörgyn 23	Fulla 29	gelb 46
Faden 55	Fisch 44	Fullas Haarreif 60	Geliebter der Gefion 6
Fafnir (Zwerg) 32	Fjölverkr 34	Fullafle 34	Gerber-Schaber 67
Fährmann 49	Fjötra 29	Fundin 32	Gerdr 28
Fala 35	Flachs 45	Fuß 63	Geri 43
Falkenkleid:	Flegda 35	Fylgia 50	Gespenst 50
- der Freya 40	Fleur-de-lys 55	Fynir 6	Gestaltwandel =>
- der Frigg 40	Fleggr 34	Fynir 34	Verwandlung
Falke 40	Fliege 40	**Galar** 32	Gesang 68
Fallar 32	Fluch 68	Galarr 34	Gestilja 35
Farbauti 6	Flügel des Wieland 40	Galdr 64	Getreide 45
Farn 45	Flügelschuhe 67	Gallapfel 45	Gewöhnlicher
Farseti 6	Flugschuhe des Loki 40	Gandalf 32	Flachbärlapp 45
Faulheit =>	Fluß 49	Ganglati 34	Geysa 35
Feuersitzen 55	Freya 22	Ganglot 6	Gialar 32
Feima 35	frühe Skaldenlieder 78	Gangr 34	Gift 70
Fenchel 45	Freyr 15	Gangr 33	Gifur 43
Fenja 28	Fried 29	Gans 40	Gigas 6
Fenrir 6	Friedenszauber 6	Gänsefuß 45	Gilling 6
Fenrir 43	Fridr 29	Garm 43	Gillings Frau 28
Fernhypnose 64	Frigg 21	Gautan 39	Ginnar 32
Ferse 63	Folde 20	Gautrek-Saga =>	Ginnungagap 49
Fessel 66	Fonn 34	Snotra	Gjalp 35
Fessel-Zauber 64	Forat 35	Geban 20	Glamr 34
Feuer 55	Forelle 44	Geburts-Orakel 64	Glatundshundr 43
Feuersitzen 55	Fornjotr 6	Gefäße 57	Glaumar 34
Feuerzauber 64	Forseti 19	Gefion 20	Glaumarr 34
Fialar 32	Frägr 32	Gefion-Geliebter 6	Glaumr 6
Fid 32	Franmar 37	Gefiun 20	Glenr 48
Fieberkraut 45	Frar 32	Gefjon 20	Glitni 5
Fili 32	Freki 43	Geist 50	Glöd 35
Fimafeng 39	Frosti 32	Geier 40	Gloi 32
Fimbulwinter 55	Frosti 34	Geirahöd 31	Glück 64
Finger 63	Fruchtbarkeit 64	Geiravör 31	Glückstrank 70
Finnalf 5	Fuchs 43	Geirdriful 31	Glumra 35
Finnar 32	Frauenhaarfarn 45	Geirönul 31	Glymra 35
Finnmark-Riese 34	Frühling 54	Geirröd 5	Gna 29
Fiölkald 34		Geirrota 31	Gneip 35
Fiölmor 39		Geirskögul 31	Gnepja 35
Fiölnir 20		Geitir 6	

Goi 34	Grotunagard 52	Har 32	Hel-Haut 49
Gold 55	grün 46	Hära 35	Helidi 27
Goldalter 55	Gryla 35	Hardbeen 6	Hellebarde 66
Goldemar 7	Gudr 31	Hardgreip 35	Helreginn 5
golden 46	Gudrun 31	Hardgreipir 34	Helm 66
Goldhelm 66	Gudmund 5	Hardverkr 34	Hengikefta 35
Goldhörner von Gallehus 57	Gullnir 5	Harek Eisenkopf 6	Hengiköpt 6
	Gullveig 29	Harfe 57	Hengjankapta 35
Göll 31	Guma 35	Harz 45	Hepti 32
Golnir 5	Gundelrebe 45	Hase 44	Herbst 54
Göndul 31	Gunn 31	Hasel 45	Herbsttagundnacht-gleiche 54
Gorr 34	Gunnlöd 28	Hastingi 34	
Görsemi 29	Gunnthinga 31	Hati 5	Herche 20
Götter 36	Gürtel 60	Hati 43	Herdentiere 42
Götterdämmerung 55	Gusir 6	Hattatal 77	Herdentierfell 42
Götterkampf 55	Gygr 35	Haudr 20	Herfjötur 31
Göttermet 69	Gylfaginning 77	Haugspori 32	Hergrim Halbtroll 5
Götter-Tiere 44	Gyllir 5	Haym 34	Hergunnur 35
Gottesurteil 64	Gyllir 34	Hecht 44	Heri 32
Gurgelbiß 55	Gyma 20	Hedin 39	Herja 31
Grab 49	Gymir 5	Hedin und Högni 79	Herkir 6
Grani 6	**Haarband** 60	Hefring 35	Herkja 35
grau 46	Haare 63	Heid 35	Hermodr 37
Grendel 5	Habicht 40	Heiddraupnir 5	Hertha 28
Grendels Mutter 35	Hafle 34	Heide 49	Hervor => Heidrek
Greppur 34	Hafli 5	Heidrek 39	Hervor und Heidrek => Heidrek
Grer 32	Hafthi 39	Heidungi 6	
Grid 28	Hagen 16	Heilige Hochzeit => Wiederzeugung 55	Herz 63
Grid 35	Hahn 40		Hexe 58
Grim 5	Hala 35	Heiliger Hain = Weltenbaum 52	Hianka 31
Grim 39	Halfdan 39		Hidde 34
Grima 35	Halfdan Brana-Ziehsohn 79	Heilung 64	Hild 31
Grimhild 31		Heilziest 45	Hildolf 5
Grimling 5	Halfdan Eisteinson 79	Heimdall 8	Hildolf 20
Grimnir 5	Hamdir 39	Heimir 39	Himingläva 35
Grim Struppig-Wange 79	Hamingja 50	Heinir 34	Himmel 52
	Hammer 66	Heith 35	Himmelsrichtungs-Mandala 54
Grip 35	Hand 63	Heithdraupnir 5	
Gripir 34	Handschuhe 60	Hel 26	Himmelsträger-Zwerge 32
Grissa 35	Hanf 45	Helblindi 20	
Groa 28	Hannar 32	Helgi 39	Hirsch 42
Grottintanna 35	Hantel-Symbol 55	Helgi Thorisson 79	Hjaltrimul 31

Hjortrimul 31	Hraudnir 6	Hymir 6	Jenseitsbarke 49
Hjötra 28	Hraudungr 5	Hymnen an die Götter 80	Jenseitsberge 49
Hjuki 29	Hrede 29		Jenseitsbrücke 49
Hläwang 32	Hreidmar 7	Hyndla 26	Jenseitsfährmann 49
Hlebard 6	Hremsa 35	Hypnose 64	Jenseitsfluß 49
Hleidr 35	Hrimgerdr 28	Hyrrokkin 26	Jenseitsgrenzen-Landkarte 49
Hler 10	Hrimgerdr 35	**Idi** 34	
Hlidolf 32	Hrimgrimnir 34	Idun 25	Jenseitshalle 49
Hlif 29	Hrimnir 34	Igel 44	Jenseitsinsel 49
Hlifthursa 29	Hrim-Riesen 34	Illugi Grid-Ziehsohn 79	Jenseitsleiter 49
Hlin 29	Hrimthurs 34		Jenseitsmauer 49
Hlodyn 20	Hringi 5	Ilmr 29	Jenseitsreise 49
Hlödyn 20	Hringvölnir 5	Ima 35	Jenseitstor 49
Hloi 34	Hripstodr 34	Imd 35	Jenseitstor-Gitter 49
Hlöll 31	Hrist 31	Imgerdr 35	Jenseitstor-Hund 49
Hlora 35	Hrist 29	Imr 6	Jenseitswächter 49
Hnoss 29	Hrisungr 6	Imsigul 34	Jenseitswald 49
Hochsitz 57	Hroarr 5	Imth 35	Jenseitswasser => Wasser 49
Hochsitzsäulen 57	Hrod 35	In 20	
Hoddraupnir 5	Hrodwitnir 5	Ingibjörg 29	Jenseitsweg 49
Hoddrofnir 5	Hrodwitnir 43	Ingibiörg 31	Johanniskraut 45
Hödur 19	Hrökkvir 6	Intuition 64	Jokul 34
Hofund 19	Hrönn 35	Inzest 51	Jokul Eisenrücken 34
Höggstari 32	Hrossthjofr 34	Irmin 20	Jörd 23
Högni 16	Hrotti 5	Irpa 29	Jomali 20
Högni 39	Hruga 28	Istwas 20	Jörmungandr 41
höhere Mächte 36	Hrungnir 5	Itrek 5	Jörmunrek 39
Holmgang => Zweikampf 55	Hrungnir-Herz 67	Itreksjod 5	Jorunn 29
	Hryggda 35	Itreksjod 20	Jötunn 6
Holunder 45	Hyria 35	Ividja 35	Jotunbjorn 6
Homöopathie 64	Hrym 34	Iwaldi 5	Julnacht 54
Honig 40	Hrund 31	Iwalt 5	**Käfer** 40
Honigtau 45	Hügelgrab 49	Iwiedie 29	Kaldgrani 34
Hönir 18	Hugin 40	**Jari** 32	Kamille 45
Horn 57	Huhn 40	Jamtaland-Zwerg 7	Kampfmagie 64
Horn (Riesin) 35	Huldar 28	Jarngerdr 28	Kannibalismus 55
Hörn 29	Hund 43	Jarnglumra 35	Kara 31
Hörn 35	Hundalfr 6	Jarnhauss 6	Karabin 34
Horn-Neb 35	Hunding 16	Jarnnef 34	Kari 6
Hornbori 32	Hvalr 6	Jarnsaxa 28	Katze 43
Hraesvelgr 6	Hvedra 35	Jarnvidja 35	Kausalität 55
Hrafnhild 35	Hvedrungr 16	Jenseits 49	Keila 34

Keiler 42	**Lachanfall** 64	Luchs 43	Miötwitnir 32
Kenningar 75	Lachen 55	Lutr 34	Mjoll 34
Kerbel 45	Lachs 44	Lyngheid 35	Modgudr 29
Kessel 57	Landgeister 36	**Magni** 19	Modgudr 31
Keule 66	Lauch 45	Malseron 34	Modi 19
Kiebitz 40	Laufey 26	Mana 35	Modrädnir 32
Kili 32	Laurin 7	Managarm 43	Modsognir 7
Kisi 34	Laus 40	Mannus 20	Mögthrasir 6
Kiste 57	Leber 63	Mardalla 27	Moin 32
Kjallandi 6	Leib 63	Marder 43	Mökkurkjalfi 6
Kjallandi 35	Leidi 34	Margerdr 35	Molda 35
Klaufi 34	Leifi 6	Margerthur 35	Mona 20
Klee 45	Leifnir 6	Mangold 45	Mond 48
Kleima 35	Leikn 35	Mantel 67	Mondul 32
Knochen 67	Leimrute 66	Mantel der Nanna 67	Moosfrau von Saalfeld 32
Knoten 64	Leiter 49	Marnar 29	Moosleute von Arntschgereute 32
Kobolde 36	Leirvör 35	Märzviole 45	
Kol der Bucklige 39	Leopard 43	Maske => Helm	Mörn 35
Kolfrosta 28	Lerche 40	Maus 44	Möwe 40
Kolga 35	Lidskialf 20	Meer 49	Mühle 66
Kopf 63	Liebestrank 70	Meer der Zeit 55	Mundilfari 6
Kormoran 40	Liebeszauber 64	Meer-Menschen 36	Munin 40
Korn 45	Lif 39	Mehlbeere 45	Munnharpa 35
Körperteile 65	Lifthrasir 39	Mehltau 45	Münze 67
Köttr 34	Litr 6	Meili 9	Muspel 6
Kraftgütel => Gürtel	Litr 32	Meise 40	Muspelheim => Feuer 52
Krähe 40	Ljod 29	Menglöd 22	
Kraka 31	Ljota 35	Menja 28	Myrkrida 35
Kranich 40	Lodin 6	Menschenopfer 64	Myrkvid 49
Kräuter 45	Lodinfingra 35	Messer 66	**Nabbi** 32
Kreppvör 35	Lodur 16	Midgard 52	Nacktheit 60
Kriegerin 62	Lofar 7	Midgardschlange 41	Nadel 55
Kreuzblume 45	Lofn 29	Midi 6	Nägel 55
Kreuzkraut 45	Lofnheid 35	Midjungr 34	Naglfar 49
Krönung 64	Logi 34	Midwitnir 6	Nain 32
Kröte 44	Loki 16	Mimir 6	Nali 32
Kuckuck 40	Loni 32	Mist 31	Namensgebung 64
Kuril 6	Lopthoena 28	Mistel 45	Nanna 21
Kult 55	Lori 35	Mistkäfer 40	Nauma (Hel) 35
Kundalini 64	Loricus 6	Mittelpfeiler => Yggdrasil	Nar 32
Kwasir 20	Löwe 43		
Kyrmir 6	Löwenmäulchen 45	Mittsommer 54	Narfi 6

Nari Loki-Sohn 19	Nyi 32	Priester 60	Ringkampf 55
Nati 6	Nyr 32	Priesterin 58	Rist 31
Naudir 36	Nyrad 32	Prolog (Edda) 77	Robbe 44
Nebel 64	**Oddrun** 31	Prophezeiung 71	Rögnir 7
Nefia 35	Odin 13/14	Pukis 36	Rose 45
Nehalennia 29	Odr 20	**Rabe** 40	Röskva 37
Neri 30	Ofoti 5	Rad 67	rot 46
Neris Schwester 30	Öflugbarda 35	Radgrid 31	rota 31
Nerthus 28	Öflugbardi 6	Radvör 35	Rotkehlchen 40
Nepr 20	Ogautan 39	Ragnar Lodenhose 39	Rücken 63
Nessel 45	Ogladnir 6	Ragnarök 55	Rud 35
Netz 67	Ogn 35	Ran 27	Rudent 6
Neuentstehung aus den Knochen 55	Ohr 63	Randalin 31	Rudi 34
neun Heimdall-Mütter 35	Oin 7	Randgnid 31	Runa 35
neun Schwestern 35	Olius 32	Randgrid 31	Runen 72
Niblung 7	Ölwaldi 5	Rangbeinn 5	Runenkästchen von Auzon => Kiste
Niblung 39	Omen 71	Rasereitrank 70	Runenstein 64
Nicor 34	Onarr 48	Raswid 32	Runenstein von Ardre 64
Nid 64	Öndudr 6	Rätsel 76	Rußland-Riese 6
Nidi 32	Onn 32	Raud 34	Rütze 35
Nidr 28	Opfer 64	Raugnir 34	Rygi 35
Nidud 16	Orakel 71	Raum 6	**Saemdill** 6
Nieswurz 45	Oregano 45	Reck 32	Saga 28
Niflheim => Eis 52	Ori 32	Regenbogenbrücke 49	Sährimnir 42
Niping 32	Örnir 6	Regin 7	Säkarsmuli 6
Nirdir 10	Ortnit 34	Reginleif 31	Salbei 45
Niola 48	Ösgrui 5	Reiher 40	Salfangr 6
Njola 48	Öskrudr 34	Rentier 42	Sam 34
Njörd 10	Ostara 29	Riesen auf der West-Insel 6	Sämingr 39
Njörun 29	Osten 54	Riesen-Baumeister 6	Sanngrid 31
Nölvi 10	Otr 32	Riesen von Feldkirchen 34	Sati 51
Norden 54	Otter 44	Riesen von Lichtenberg 35	Säule => Weltenbaum 52
Nordosten 54	Otunfaxe 39	Rifingalfa 35	Saxnot 20
Nordri 32	**Penis** 55	Rifingöflu 35	Sceaf 20
Nordwesten 54	Perchta 28	Rigingöflu 35	Schachtelhalm 45
Nori 32	persönliches Glück 64	Rind 42	Schädelschale 63
Nornen 30	Pfeil 66	Rindr 20	Schadenszauber 64
Norr 34	Pferd 42	Ring 57	Schaf 42
Norr 48	Pferdezwillinge 12		Schafgarbe 45
Nott 48	Pflug 67		
	Phol 9		
	Polygamie 55		

Schaumkraut 45	Siar 32	Skorpion 40	Sternbild 55
Schierling 45	Sichel => Sense	Skrati 34	Stigandi 5
Schild 66	sieben Schwestern 28	Skrymir 5	Storch 40
Schlafdorn 55	Siegfried 38	Skrimnir 5	Storkvid 34
Schlangen 41	Sieglind 31	Skuld 30	Stoverkr 34
Schlangenauge 63	Siegstein 67	Slagfid 39	Strahlen-Breitsame 45
Schlangengrube 49	Sif 24	Sleggja 35	
Schlangenzunge 63	Sigdrifa 31	Snae 34	Strudel 49
Schleifstein => Wetzstein	Sigurd 38	Snotra 29	Struthan 34
	Sigi 39	Solbiart 5	Stumi 5
Schmetterling 40	Sigrlami 39	Sohn der Freya 19	stumm 63
Schmied 4	Sigrun 31	Sohn des Freyr 19	Süden 54
Schmied 55	Sigyn 28	Solblindi 5	Südosten 54
Schnecke 44	silbern 46	Sölfn 29	Sudri 32
Schneeweiß-Goldschöne 28	Simul 31	Sommer 54	Südwesten 54
	Sinmara 28	Somr 5	Surtur 6
Schuh 63	Sindri 32	Sonne 48	Suttung 6
Schutzgeist => Fylgja/Hamingja	Sinthgunt 29	Sonnengöttin 48	Svada 5
	Sivör 35	Sonnenhymne 64	Svadi 5
Schutzzauber 64	Sjuld 31	sonstige Magie 64	Svaf 7
Schwalbe 40	Skadi 20	Sörli 39	Svarangr 5
Schwan 40	Skafid 32	Spatz 40	Svasudr 6
Schwanenkleider der Walküren 40	Skalden 61	Specht 40	Svatr 6
	Skaldatal 77	Speer 66	Sveid 31
Schweden-Riese 6	Skaldenlieder 78	Sperber 40	Sveipinfalda 35
Schwein 42	Skaldinnen 61	sprechende Tiere 41	Svidi 6
Schwert 66	Skalli 34	Sprichworte 74	Svip 5
Schwitzhütte 64	Skalmöld 31	Spindel 55	Svipul 31
sechsköpfiger Riese 6	Skadskaparmal 77	Spinnerin 55	Svivör 31
Seehund 44	Skärir 5	Spiritus familiaris 36	Swaf 20
Seekuh 44	Skeggiöld 31	Sprettingr 5	Swanhild 31
Seelenvogel 40	Skidbladnir 49	Stab 67	Swanwit 31
Seelenvogel 50	Skimsli 5	Starkad 6	Swawa 31
Segen 68	Skirnir 37	Starkad 39	Swior 32
Seher 60	Skirkjar 35	Stärketrank 70	Swipdag 20
Seherin 58	Skirwir 32	Statue 57	Syn 29
Seidelbast 45	Skjalf 29	Stein 64	Syr 29
Seidr 64	Skjalv 34	Steine und Edelsteine 64	**Tafl** 57
Sel 6	Skjellinefja 29		Tal 52
seltsamer dritter Bruder 55	Skjöldr 39	Steinigung 55	Tamfana 29
	Skögul 31	Stern 48	Tarn-Kappe 67
Sense 67	Sköll 43	Sternbild 48	Tarn-Umhang 67

Tasche 60	Thrungva 29	Uri 20	- in Fuchs 65
Tätowierungen 55	Thrym 6	Utgard 52	- in Geier 65
Tattoo 60	Thulur 77	Utgardloki 6	- in Habicht 65
Tau 52	Thundr 6	Ungeheur 41	- in Hecht 65
Taufe 64	Thundr 29	Utiseta 50	- in Hirsch 65
Teer 45	Thurbiörd 35	**Vagnhöftdi** 34	- in Hund 65
Telemark-Riese 5	Tiere 44	Valbrandur 5	- in Krähe 65
Telepathie 64	Tiere der Götter 44	Vali Loki-Sohn 19	- in Lachs 65
Teller 57	Tierfelle 60	Valthögn 31	- in Löwe 65
Tempel 56	Tierfelle bei	Vandil 5	- in Mücke 65
Teufelsabbiß 45	Hinrichtungen 67	Vandlir 5	- in Otter 65
Thagnar 31	Tor 49	Var 29	- in Pferd 65
Theck 32	Torfa 35	Vardrun 28	- in Rabe 65
Thialfi 37	Tote wiederbeleben	Vardrun 35	- in Rind 65
Thiazi 5	64	Vardruna 35	- in Robbe 65
Thing 73	Tragestange 67	Vasad 6	- in Schlange 65
Thiodwitnir 34	Trana 35	Vatermord 55	- in Schwalbe 65
Thistilbardi 34	Traum 71	Velle 5	- in Schwan 65
Thjodrerir 7	Traumdeutung 71	Venus 48	- in Seekuh 65
Thögn 31	Traumfrau 31	Verbene 45	- in Spinne 65
Thökk 35	Trima 31	Verdandi 30	- in Tier 65
Thor 17	Trolle 36	Vervielfältigung von	- in Vogel 65
Thora 28	Trona 35	Körperteilen 65	- in Wal 65
Thorgerdr Hölgabrudr	Tuch 57	Vergessenheitstrank	- in Walroß 65
29	Tuisto 20	70	- in Widder 65
Thorin 7	Tuisto 33	Verirren auf der	- in Wolf 65
Thorir 6	Turm 56	Hirschjagd 55	- in Ziege 65
Thorn 5	Tyr 3	Verr 34	- in Ziegenbock 65
Thorstein Haus-	Tyr-Riesen 5	Verwandlung:	Vidblindi 5
Macht 79	**Udr** 35	- einer Frau in einen	Viddi 34
Thrain 32	Uffe 39	Mann 65	Vidgreipr 34
Thrasir 6	Ulfhedinn 62	- einer Frau in eine	Vidgymir 5
Thrigeitir 5	Ulfrun 35	andere Frau 65	vier Riesen-Ritter 34
Thrivaldi 5	Ullr 11	- eines Mannes in	vier Stier-Riesen 34
Thröng 29	Umhang => Mantel	eine Frau 65	viertüriges Haus 52
Thror 7	60	- in Adler 65	Vifflöd 29
Thror 20	Uni 20	- in Bär 65	Vignir 34
Thror 32	Unn 35	- in Drache 65	Vikarr 6
Thorri 34	Unsichtbarkeit 64	- in Eber 65	Vilja 20
Thrud 31	Unsichtbarkeits-Stein	- in Falke 65	Vindr 34
Thrudgelmir 5	67	- in Fliege 65	Vingnir 6
Thrudr 29	Urd 30	- in Floh 65	Vingrip 34

Vipar 34
Vogel 40
Vogelsprache 64
Volkrast 7
Vör 29
Vörnir 34
Vulkan-Riese 34
Waage 64
Waberlohe 49
Wächter 49
Wafthrudnir 6
Wagen 67
Wagnhofde 6
Wal 44
Wälder =>
Weltenbaum 52
Wald-Riesin 35
Wali 19
Wali 32
Walküren 31
Walnuß 45
Walroß 44
Waltam 20
Wandteppich =>
Tempel
Wanen 36
Warkald 6
Warr 20
Wasser 52
We 20
Weberin 55
Wegdrasil 20
Wegerich 45
Wegetritt 45

Wegwarte 45
Weig 32
Weihung => Segen
Weinen 55
weiß 46
Weisheiten 74
Weisheitstrank 70
Weißstern 39
Weltenbaum 53
Weltesche 53
Wespe 40
Westen 54
Westri 32
Wetter 64
Wettlauf 55
Wetttrinken 55
Wetzstein 67
Wichte 36
Widar 19
Widfinnr 5
Wiedergeburt 51
Wiederholungen 55
Wiederzeugung 51
Wieland 4
Wiesel 43
Wig 32
Wigrid 55
Wili 20
Wili (Zwerg) 32
Wind (Magie) 64
Wind 52
Windalf 32
Windloni 6
Windswal 6

Winter 54
Winteranfang 54
Wirwir 32
Witr 32
Witwen-Selbstmord 51
Wolf 43
Wolfsfell 62
Wortschatz Magie 64
Wohlstandszauber 64
Wucherblume 45
Wurzel 45
Wyrd 30
Yggdrasil 53
Ymir 33
Ymis 33
Yngvi 32
Zahlen 47
Zähne 63
Zauberer 59
Zauberin 58
Zaubersprüche 68
Zeh 63
Ziegen 42
Zisa 29
Zunge 63
Zweikampf 73
zweiköpfige Riesen 34
zwei Zwerge 32
Zwerg auf dem Felsen 32
Zwergberg zu Aachen 32

Zwerge 32
Zwerge:
- im Berg 32
- im Gebirge 32
- Kuttenberg 32
- Untersberg 32
- Blankenburg 32
- Bonikau 32
- Dardesheim 32
- Eilenburg 32
- Elbogen 32
- Glaß 32
- Hohenstein 32
- Heilingsfelsen 32
- Nünberg 32
- Osenberg 32
- Plesse 32
- Rosenberg 32
- Selbitz 32
- Sion 32
Zwerg:
- Gebirge 32
- Kyffhäuser 32
- Hohenstein 32
- Dresden 32
- Hoia 32
- Lützen 32
- Ralligen 32
- Rantzau 32
- Scherfenberg 32
- Thorgau 32
Zwillinge 55